11PU

Frank Bsirske/Frank Deppe/
Stephan Lindner/Sigrid Skarpelis-Sperk u.a.
Die EU-Dienstleistungsrichtline

Joachim Bischoff ist Ökonom und Publizist in Hamburg, Mitherausgeber der Zeitschrift *Sozialismus.*
Frank Bsirske ist Vorsitzender der Vereinigten Dienstleistungsgewerkschaft ver.di.
Frank Deppe ist Professor für Politikwissenschaften an der Philipps-Universität Marburg.
Klaus Dräger ist Mitarbeiter der Parlamentsfraktion der Vereinten Europäischen Linken/Nordische Grüne Linke (GUE/NGL) im Europäischen Parlament.
Stephan Lindner ist Diplom-Politologe, Mitglied im bundesweiten Koordinierungskreis von Attac, lebt in Berlin.
Joachim Rock ist Referent der Vorsitzenden des Deutschen Paritätischen Wohlfahrtsverbands Gesamtverband.
Sigrid Skarpelis-Sperk war bis zum Oktober 2005 Mitglied der SPD-Fraktion des Deutschen Bundestages.

Frank Bsirske/Frank Deppe/
Stephan Lindner/Sigrid Skarpelis-Sperk u.a.

Die EU-Dienstleistungsrichtlinie

Ein Anschlag auf das europäische Sozialmodell

VSA-Verlag Hamburg

www.vsa-verlag.de

Umschlagfoto: Bernd Settnik (picture-alliance/dpa)
Druck- und Buchbindearbeiten: Idee, Satz & Druck, Hamburg
ISBN 3-89965-172-3

Inhalt

Für ein soziales Europa: EU-Dienstleistungsrichtlinie stoppen!

Frits Bolkestein, damaliger EU-Binnenmarktkommissar, legte 2004 einen Vorschlag zur Schaffung eines liberalisierten europäischen Dienstleistungsbinnenmarkts vor. Dies war ein bis heute anhaltender Generalangriff auf öffentliche Dienstleistungen und Sozial-, Umwelt- und Qualitätsstandards.

Die Gegnerschaft, die sich gegen die »Bolkestein-Richtlinie« formierte, war massiv und vereint bis heute unterschiedlichste Gruppierungen von europäischen Gewerkschaften über soziale NGOs und Wohlfahrtsverbände bis hin zum Europäischen Verband kleiner und mittlerer Unternehmen. EU-Kommission und Regierungen, allen voran Frankreich und Deutschland, sahen sich gezwungen, verbal zurückzurudern – insbesondere da die Dienstleistungsrichtlinie eine Zustimmung zum EU-Verfassungsvertrag in Frankreich zu gefährden drohte. Frankreich sagte trotzdem »Non«. Wer nun jedoch gehofft hatte, dass sich die Dienstleistungsrichtlinie damit in der vorgelegten Form erledigt hätte, sah sich getäuscht. Dem deutschen EU-Kommissar Verheugen zufolge forderte bereits Anfang Juni im EU-Wettbewerbsrat »kein einziges Land das Zurückziehen der Richtlinie«. Zwar hielt sich hartnäckig das Gerücht, die Richtlinie werde überarbeitet und das parlamentarische Verfahren ausgesetzt. Dies ist jedoch mitnichten der Fall. Im Gegenteil: Der Richtlinienentwurf ist geblieben, wie er war. Mitte September 2005 bestätigten Konservative und Liberale mit ihrer Mehrheit im Parlamentsausschuss die neoliberale Substanz der Richtlinie.

Die geplante Dienstleistungsrichtlinie ordnet sich ein in die generelle Ausrichtung der EU: Liberalisierung, Deregulierung, Wettbewerb sind die alles dominierenden Ziele der Europäischen Kommission und der europäischen Regierungen.

Der riesige Bereich des Dienstleistungssektors umfasst etwa 70% der gesamten Wirtschaftstätigkeit und mehr als drei Viertel der Beschäftigung in der EU. Der Richtlinienentwurf sieht vor, dass staatliche Auflagen an Dienstleister aus dem EU-Ausland teils sofort, teils schrittweise abgeschafft werden. Um den freien grenzüberschreitenden Dienstleistungsverkehr zu fördern, soll in der Regel das so genannte Herkunftslandprinzip gelten. Demnach unterliegt »der Dienstleistungserbringer einzig den Rechtsvorschriften des Landes (...), in dem er niedergelassen ist«. Das Herkunftsland soll dann auch kontrollieren, ob seine im EU-Ausland tätigen Dienstleister dort die heimischen Vorschriften einhalten. Wie dies funktionieren soll, ist unklar. Schließlich haben die zuständigen Behörden in einem anderen Land keine staatlichen Hoheitsbefugnisse.

Die Folge wäre, dass im jeweiligen Mitgliedstaat kein einheitliches Recht gelten würde, was das rechtstaatliche Prinzip der Rechtssicherheit beeinträchtigt. Das Recht wäre von Person zu Person, je nach Herkunft, verschieden, was die Rechtsanwendung erschwert. In jedem einzelnen Mitgliedstaat würden künftig bis zu 25 verschiedene Unternehmens-, Sozial- und Tarifrechtsysteme usw. nebeneinander bestehen und miteinander konkurrieren.

Eine effektive Wirtschaftsaufsicht würde in der Europäischen Union faktisch außer Kraft gesetzt. Künftig könnte sich jedes Unternehmen durch Sitzverlagerung oder die Gründung einer Briefkasten-Firma im EU-Ausland lästiger inländischer Auflagen entledigen. Örtliche Tarifverträge, Qualifikationsanforderungen, Standards und Auflagen beim Arbeits-, Umwelt- oder Verbraucherschutz könnten auf einfache und billige Weise unterlaufen werden. Ein radikaler Unterbietungswettlauf wäre die Folge. Mit der Richtlinie werden die bestehenden Unterschiede zwischen öffentlichen bzw. gemeinwohlorientierten und privatwirtschaftlichen Dienstleistungen verwischt. Nur hoheitliche Aufgaben des Staates (z.B. Militär, Polizei, Gefängnisse) sollen künftig außerhalb des Geltungsbereichs der neoliberalen Marktordnung bleiben.

Nach geltendem EU-Recht sind ausschließlich die Mitgliedstaaten für die Organisation ihres Gesundheitswesens und ihrer sozialen Sicherungssysteme zuständig.

Der neue Richtlinienentwurf betrifft aber nun ausdrücklich auch Gesundheits- und Pflegedienste. Erstmals würde so mit einer Liberalisierungsrichtlinie in die nationalstaatlichen Sozialschutzsysteme eingegriffen. Der Kommissionsentwurf will z.B. Fragen der Kostenerstattung von medizinischen Behandlungen im Ausland regeln. So schafft er ein Einfallstor für einen verschärften Kostenwettbewerb der nationalstaatlichen Gesundheitssysteme.

In den nachfolgenden Beiträgen wird über die Dienstleistungsrichtline und die politischen Hintergründe informiert. Die AutorInnen kommen aus unterschiedlichen Bewegungen, die im Bündnis ihren Protest gegen die Dienstleistungsrichtlinie zum Ausdruck bringen. Sie zeigen zugleich Alternativen für einen europäischen Wirtschafts- und Sozialraum auf. In allen Positionsbestimmungen werden die BürgerInnen in Deutschland und Europa aufgefordert: Informieren Sie sich! Üben Sie Druck auf die Bundesregierung und die Vertreter des Bundesrats aus, damit die Richtlinie im Rat der Europäischen Union auf Widerstand stößt. Schreiben Sie Ihren Europaabgeordneten, und nutzen Sie sonstige Möglichkeiten, den Widerstand gegen diese neoliberale Marktordnung für Dienstleistungen zu stärken. Unterstützen Sie den Protest von Gewerkschaften und sozialen Bewegungen, wie z.B. Attac! Die Aushöhlung sozialer Standards und der Abbau öffentlicher Dienstleistungen darf in der EU keine Chance haben. Treten Sie mit den oppositionellen Kräften für die Aufrechterhaltung und Weiterentwicklung des europäischen Sozialmodells ein.

Sigrid Skarpelis-Sperk

Eine radikale Abkürzung auf dem Weg in ein marktradikales Europa

Der Vorschlag für eine EU-Dienstleistungsrichtlinie, das Abschiedsgeschenk des scheidenden Binnenmarkt-Kommissars *Frits Bolkestein* an seinen Nachfolger, ist wohl das brisanteste politische Projekt der Europäischen Union der letzten Jahre.

Selten stieß ein Vorschlag der Kommission auf so einmütige Ablehnung der Rechtsexperten, der Gewerkschaften, des Handwerks, der Verbände der kleinen und mittleren Unternehmen, der sozialen Verbände und der Verbände der Krankenkassen, der freien Berufe und der Kulturschaffenden. Vom deutschen Bundesrat bis zum französischen Staatsrat ist die Kritik deutlich vernehmbar – nur die Verbände der europäischen Industrie und des europäischen Groß- und Einzelhandels sind eifrige Befürworter. Aber selbst sie melden im sozialen Bereich, z.B. bei der Entsenderichtlinie, Klarstellungsbedarf an und verlangen eine Fülle von Nachbesserungen im Verhältnis zu anderen Richtlinien und Konventionen wie z.B. Rom I und Rom II, um einen Rechtswirrwar zu vermeiden.

Doch auch bei den Verfassungsorganen der Bundesrepublik wie dem Bundesrat und dem Bundestag hat die Richtlinie nach anfänglicher, weitgehender Verwirrung Bestürzung und Ablehnung hervorgerufen, die sich in der Stellungnahme des Bundesrates vom April 2004 und im Beschluss des Bundestages vom Juni 2005 niedergeschlagen haben.

In den 25 Jahren meiner Mitgliedschaft im deutschen Bundestag ist mir noch nie ein vergleichbares europäisches Projekt untergekommen:

- Der so genannte Bolkestein-Entwurf ist die komplexeste, komplizierteste und die in sich widersprüchlichste und mit dem existierenden europäischen Recht und der künftigen

Verfassung am stärksten in Konflikt tretende Vorlage in der Geschichte der EU.

- Er greift umfassend wie nie in die nationale Souveränität und die künftigen Gestaltungsmöglichkeiten von Gesetzgebern in Bund und Ländern ein, beschneidet deutlich die bisher bestehenden Selbstverwaltungsmöglichkeiten im Bereich der Daseinsvorsorge und der Kultur der Städte und Gemeinden.
- Er setzt sich gegen den Wortlaut der EG-Verträge über die ausschließlichen Zuständigkeiten der einzelnen Mitgliedstaaten hinweg (z.B. Kultur, Gesundheit) und verlangt sogar, dass neuc Gesetze und Vorschriften hier nurmehr mit Zustimmung der Brüsseler Bürokratie beschlossen werden dürfen.
- Eklatant sichtbar wird der Eingriff in die nationale Souveränität durch den faktischen Wegfall der öffentlichen Kontrolle für ausländische Dienstleistungsunternehmen, die auf heimischem Boden tätig werden. Dies wird gravierende Auswirkungen auf Gesundheit, Umwelt, Verbraucher, aber auch die öffentliche Ordnung und den Schutz vor unlauteren und kriminellen Machenschaften haben.
- Die Richtlinie wird absehbar schwere Folgen für die Arbeitsmärkte, die sozialen und Arbeitsbedingungen sowie die individuellen und kollektiven Arbeitnehmerrechte, aber auch den Umweltbereich bewirken.
- Diese Richtlinie schafft nicht wie bisher gemeinsames europäisches Recht, sondern setzt – und das ist ebenso radikal wie umwälzend – zunächst ein Regelungschaos von 25 parallel in jedem Land gültigen Gesetzessystemen und in der Folge einen Regelungswetttbewerb unter den Mitgliedstaaten in Gang, der zu einem Wettlauf nach unten führen wird.

Der Geltungsbereich

Der Geltungsbereich der Richtlinie umfasst weit mehr Bereiche der Wirtschaft und unseres Alltagslebens, als im allgemeinen Sprachgebrauch in Deutschland, aber auch in den anderen europäischen Ländern verstanden wird.

Ganze Branchen, die in Deutschland stets zum produzierenden Gewerbe zählen, wie z.B. der Baubereich, werden nun »Dienstleistungen« im Sinne der Richtlinie. Mit einem einfachen Kunstgriff werden künftig selbst klassische Industrieproduktionsbereiche, Instandhaltung und Montage, wenn sie ausgelagert und durch Personalagenturen oder Zeitarbeitsvermittlung wieder in den Betrieb eingeworben sind, zu »Dienstleistungen« und damit dem Geltungsbereich der Richtlinie unterworfen.

Insgesamt umfasst sie bis auf einige Ausnahmen, wie z.B. die bereits EU-weit regulierten Bereiche, *alle* Dienstleistungen, die als »wirtschaftliche« Tätigkeiten und auch solche *»nicht-wirtschaftlicher«* Art, soweit sie »in der Regel gegen Entgelt« erbracht werden. Weil »Entgelt« nicht nur vom Empfänger der Leistung gezahlt werden muss, sondern auch vom Staat in Form von Beihilfen gezahlt werden kann, sind damit auch direkt und indirekt die Leistungen der öffentlichen Daseinsvorsorge wie Gesundheitsdienstleistungen, soziale und kommunale Dienste, aber auch Kultur und Weiterbildung erfasst.

Einige in der Dienstleistungsrichtlinie genannte Beispiele

■ Unternehmensberatung ■ Vermietung von Kfz ■ IT-Dienstleistungen ■ Reisebüros ■ Zertifizierung, Prüfung, Wartung ■ Fremdenverkehr ■ Gebäudemanagement ■ Sicherheitsdienste ■ Werbung ■ Audiovisuelle Dienste ■ Personalagenturen inkl. Zeitarbeitsvermittlungen ■ Gesundheitsdienstleistungen ■ Rechts- und Steuerberatung ■ Immobilienmakler ■ Häusliche bzw. Pflegedienste ■ Baugewerbe und Architekten ■ Reglementierte Berufe, z.B. Medizin ■ Handel

Andererseits gibt es eine große Anzahl von Dienstleistungsbereichen, die ausgenommen bleiben.

Die Richtlinie macht vier Arten von Ausnahmen vom Geltungsbereich:

- vollständige Ausnahme: *Finanzdienstleistungen (Banken, Versicherungen, Altersversorgung), IT-Dienstleistungen (Richtlinien-Paket zu eCommerce), Verkehr, Steuerwesen und alle staatlichen Dienstleistungsbereiche* (Artikel 2)
- allgemeine Ausnahmen vom Herkunftslandprinzip: *Post, Elektrizität, Erdgas, Wasser, Rechtsanwälte, reglementierte Berufe i.S. der Anerkennungs-Richtlinie der Berufsqualifikationen, Notare, Soziale Sicherung, Entsenderecht, Abfallverbringung, Buchprüfung sowie einige weitere Bereiche* (Artikel 17)
- vorübergehende Ausnahmen vom Herkunftslandprinzip (bis 2010): *Geldtransporte, Gewinnspiele sowie Lotterien und Wetten (unbefristete Ausnahme), Gerichtsvollzieher* (Artikel 18)
- Ausnahmen im Einzelfall (Gefährdung) vom Herkunftslandprinzip: *öffentliche Gesundheit, Schutz öffentlicher Ordnung, Jugendschutz* (Artikel 19)

Das Ziel der Richtlinie aus der Sicht der EU-Kommission

Mit dem Vorschlag einer Richtlinie des Europäischen Parlaments und des Rates über »Dienstleistungen im Binnenmarkt« kommt die EU-Kommission einem Auftrag des Europäischen Rates von Lissabon (2000) nach, die EU bis 2010 zum »wettbewerbsfähigsten und dynamischsten wissensbasierten Wirtschaftsraum der Welt« zu machen.

Der Vorschlag zielt darauf ab, einen einheitlichen Binnenmarkt und dadurch mehr Wachstum zu schaffen, alle in der EU noch bestehenden Hindernisse im grenzüberschreitenden Dienstleistungsverkehr zu beseitigen, damit in der EU ansässige Unternehmen ihre Dienstleistungen gemeinschaftsweit anbieten und erbringen können, ohne zusätzliche Anforderungen des jeweiligen Mitgliedstaates erfüllen zu müssen.

Alle Dienstleistungsempfänger (Unternehmen und Endverbraucher) in der EU sollen die Dienstleistungen in den Mitgliedstaaten nachfragen können und sich dazu aller Dienstleistungserbringer in der EU bedienen können bzw. sich in andere Mitgliedstaaten begeben dürfen.

In ihrem Bericht zum »Stand des Binnenmarktes für Dienstleistungen« hat die EU-Kommission festgestellt, dass »bisher das Wachstumspotenzial des Dienstleistungssektors nicht voll genutzt werden (konnte), weil zahlreiche Schranken die Entwicklung länderübergreifender Dienstleistungstätigkeiten wie etwa den Handel, Beschäftigungsagenturen, Zertifizierungsstellen, Forschungseinrichtungen, Bauunternehmen, Immobilienmakler, das Handwerk, den Tourismus, die reglementierten Berufe usw. behindern. Besonders hart treffen sie die im Dienstleistungsgewerbe vorherrschenden kleinen und mittleren Unternehmen (KMU).«

Aus der Sicht von Frits Bolkestein, EU-Kommissar von 1999-2004, sind »die nationalen Vorschriften zum Teil archaisch, übertrieben aufwändig und verstoßen gegen EU-Recht. Diese Vorschriften müssen schlichtweg verschwinden.«

Darüber hinaus hat die Europäische Kommission mit der Richtlinie nicht nur einen Gesetzentwurf für den Binnenmarkt für Dienstleistungen vorgelegt, sondern ihn auch so formuliert – zum Teil durch wörtliche Übernahme von Passagen aus dem GATS-Vertrag (WTO) –, dass er mit nur ganz wenigen Ergänzungen eine schnelle Öffnung des gesamten sich gerade formierenden europäischen Binnenmarktes für den internationalen Dienstleistungshandel ermöglicht – d.h. also GATS verhandlungsfähig macht.

Das sind keineswegs bloße Vermutungen. Die zuständige Beamtin bei der EU-Generaldirektion Binnenmarkt Margot Fröhlinger führte am 25. Mai 2004 aus, dass die Richtlinie in zweierlei Hinsicht unmittelbare Auswirkungen auf die GATS-Verhandlungen haben werde:

1. die Kompetenz, Angebote bei den GATS-Verhandlungen im Rahmen der WTO zu machen, ginge auf die EU-Kommission über, die nicht mehr länger die Aktionen der Mitgliedstaaten koordinieren müsse, und
2. die Verhandlungsmacht der EU-Kommission werde deutlich gestärkt, weil sie nun so viel anzubieten habe, nämlich »The entire EU market in the various sectors«.

Die Bedeutung der Dienstleistungsbranchen in der europäischen Wirtschaft

Die europäische Wirtschaft benötigt ohne Zweifel Impulse für mehr Wachstum und Beschäftigung. Hier sind die Dienstleistungsbranchen für die Produktion, Wertschöpfung und Beschäftigung in den nationalen Volkswirtschaften und in der EU von großer Bedeutung. Die Kommission hat sich wie die nationalen Regierungen mit Ausnahme weniger nordischer Staaten der Entwicklung dieser Branchen nur sehr wenig gewidmet. Im Vordergrund sowohl der deutschen Forschungs-, aber auch der Wirtschaftspolitik standen stets »die Technik«, in den letzten Jahren auch nachholend »Software«, aber nicht die Forschung und Entwicklung von Dienstleistungen. Und dies, obwohl der Bereich Dienstleistungen einen der wenigen »negativen« Beiträge zur deutschen Handelsbilanz liefert und wir wissen, dass ohne differenzierte, qualitativ hoch stehende, ja maßgeschneiderte Dienstleistungen sich die Rekorde der deutschen Exportbilanz nicht werden halten lassen. Denn nahezu alle hohe Wertschöpfung und Ertrag bringenden Produkte sind heute keine reine Technik mehr, sondern so genannte hybride Produkte, bei denen z.B. im Bau, aber auch im Automobilbereich nicht mehr die Produktion, sondern Verwaltung, Management von Logistik und Instandhaltung sowie Finanzierung, d.h. ergänzende Dienstleistungspakete den Unternehmen wesentlich höhere Renditen einbringen: von DaimlerChrysler bis zu Hochtief. Darüber hinaus repräsentieren sie zwischen 60 und 70% des Bruttoinlandprodukts in den Mitgliedstaaten, mehr als 50% entfällt auf die *nicht* vom Staat erbrachten Dienstleistungen. Rund zwei Drittel aller Beschäftigten und vier Fünftel der Unternehmen arbeiten in diesen Branchen.

Große Dienstleistungsbranchen wie z.B. Banken und Versicherungen, die Versorgungswirtschaft wie Energie und Telekommunikation sind in den letzten Jahren EU-weit reguliert worden. Die noch *unregulierten* Bereiche, die nun der Dienstleistungsrichtlinie unterworfen werden sollen, beschäftigen über 60 Millionen Arbeitnehmer und erwirtschaften im Jahr rund 3 Billionen Euro.

Dienstleistungen und Frauen

Besonders wichtig ist der Dienstleistungsbereich in Deutschland wie in Europa für die *Frauen*: Drei Viertel der erwerbstätigen westdeutschen Frauen und vier Fünftel der ostdeutschen Frauen arbeiten heute im Bereich der Dienstleistungen. Schwerpunkt der Frauenbeschäftigung in den alten Bundesländern sind traditionell öffentliche und private Dienstleistungen einschließlich Handel und Gastgewerbe. So genannte weibliche Branchen mit hohen Frauenanteilen sind in erster Linie das Gesundheits- und Sozialwesen, Erziehung und Wissenschaft, das Textil- und Bekleidungsgewerbe sowie die Privathaushalte – hier arbeiten fast überwiegend weibliche Arbeitskräfte, bei denen es sich überwiegend um geringfügig Beschäftigte handelt. Mehrheitlich Frauen arbeiten im Handel – insbesondere im Einzelhandel –, im Gastgewerbe und im Leder verarbeitenden Gewerbe.

Innerhalb der Dienstleistungsberufe sind Frauen zu zwei Dritteln in den primären Dienstleistungsberufen zu finden, die vermutlich von der Dienstleistungsrichtlinie am stärksten betroffen sein werden, d.h. sie verrichten Tätigkeiten wie Ein- und Verkaufen, Kassieren, allgemeine Büroarbeiten, Lager- und Versand-, Transportarbeiten, Reinigen, Bewirtschaften/Verköstigen. Nur ein Drittel ist in den sekundären Dienstleistungen wie Disponieren/Managen, Forschen/Entwickeln, Planen, Betreuen/Pflegen, Heilbehandlung, Erziehung, Lehren, Publizieren und Informieren tätig.

All dies ist Grund genug, sich diesem wirtschaftlich wie für die Beschäftigung wichtigen Bereich von einfachen bis hoch anspruchsvollen und wissensintensiven Berufen mit soliden empirischen Erkenntnissen zu nähern, um zumindest überschlägig zu wissen, worüber man weit reichende und kaum mehr rückholbare politische Entscheidungen trifft.

Verlässliche empirische Daten, Prognosen, Folgeabschätzungen für Europa und Deutschland: Fehlanzeige

Über die oben angeführten Zahlen hinaus verfügen wir nur über sehr wenige Daten über die einzelnen Dienstleistungsbranchen, da die amtlichen statistischen Grundlagen mangelhaft sind. Was Dienstleistungen angeht, befinden wir uns noch »im Steinzeitalter«, postulierte noch vor zwei Jahren der Präsident der Fraunhofer-Gesellschaft Prof. Bullinger und forderte eine energische Entwicklung dieses vernachlässigten Bereiches.

Erst nach mehreren deutlichen Mahnungen aus Brüssel war Deutschland bereit, mit der Statistikgesetzgebung seit dem Jahre 2000 die Versäumnisse der 1980er und 90er Jahre in der amtlichen Statistik nachzuholen. Aber verlässliche statistische Grundlagen werden erst in einigen Jahren verfügbar sein. Diese Stiefkindrolle der Dienstleistungen in der Wirtschafts-, Finanz-, Forschungs- und Innovationspolitik ist um so erstaunlicher, als sie doch nach übereinstimmender Expertenmeinung und auch in politischen Sonntagsreden der Eliten in Politik und Unternehmen quantitativ und qualitativ eine Schlüsselrolle bei der Entwicklung der fortgeschrittenen Industrienationen zu wissensbasierten Produktions- und Dienstleistungsökonomien einnehmen.

Die Kommission selbst hat die höchst mangelhafte empirische Basis in der ersten Einschätzung ihrer Experten auch eingeräumt – um dann im selben Bericht einige Dutzend Seiten später kühn abzuleiten, dass gestützt auf die *Befragungen* der einschlägig interessierten Unternehmen, es ohne Zweifel zu ca. 30% mehr Umsätzen im intereuropäischen Dienstleistungshandel kommen und dass ein einheitlicher europäischer Dienstleistungsmarkt mindestens soviele Arbeitsplätze und Wachstum wie der gemeinsame europäische Binnenmarkt für Güter bringen werde. Als diese Einschätzung auf wenig Glauben stieß – man erinnerte sich in Fachkreisen und der Öffentlichkeit noch gut an die Schätzungen des Cecchini-Berichtes der EU-Kommission mit über 9 Millionen zusätzlichen Arbeitsplätzen als Folge eines gemeinsamen europäischen Binnenmarktes –, folgte flugs die Expertise eines von der niederländischen Regierung beauftragten abhängigen Institutes: Etwa 2,3 Millionen zusätzliche Arbeitsplätze wurden nun erwartet. Als auch diese Studie ins wissenschaftliche Kreuzfeuer kam, weil sie nur das denkbare *positive Potenzial* und das auch in jenen Bereichen geschätzt hatte, bei denen es nahezu keine belastbaren Fakten gab und die denkbaren *negativen* Effekte außer Acht gelassen wurden, kam die dritte Studie auf den Tisch.

Diese jüngste, so genannte Kopenhagen-Studie geht von 600.000 zusätzlichen Arbeitsplätzen in ganz Europa aus, davon ca. 100.000 in Deutschland. Sie sagt allerdings für Deutschland nicht voraus, in welchem Zeitraum diese Arbeitsplätze entstehen werden, in welchen Sektoren und Regionen und ob diese Arbeitsplätze von inländischen Arbeitnehmern und Selbständigen eingenommen werden oder von Ausländern. Ob diese prognostizierten Arbeitsplätze Dauerarbeitsplätze, zeitlich befristet, Teilzeitarbeit, sozial versicherte oder prekäre Arbeitsplätze sein werden, bleibt offen.

Aber auch die rot-grüne Bundesregierung hat bei der Kommission weder auf empirisch belastbare Studien gedrungen und erst nach erheblichem parlamentarischen Druck insbesondere aus der SPD-Fraktion ihre Hausaufgaben gemacht und Folgeabschätzungen für Deutschland in Auftrag gegeben.

Diese Studien sollten bereits im Sommer 2005 dem Ausschuss für Wirtschaft und Arbeit vorgelegt werden, dies ist jedoch bis Mitte Januar 2006 noch nicht geschehen.

Trotz mehrfachen Drängens einer Reihe von Ausschüssen des deutschen Bundestages, allen voran des federführenden Ausschusses für Wirtschaft und Arbeit, aber auch des Rechtsausschusses und dessen Unterausschusses für europäisches Recht sind bis heute weder das Parlament noch die deutsche Öffentlichkeit informiert worden, welche Gesetze und Verordnungen, Verwaltungsabläufe und -anforderungen durch die Richtlinie geändert werden bzw. wegfallen, ebenso wenig ist bekannt, welche öffentlichen oder im öffentlichen Auftrag arbeitenden Institutionen geänderte Aufgaben erhalten und wie dies ggf. finanziert werden soll. Ebenso wenig liegen einigermaßen fundierte Folgeabschätzungen für die einzelnen Dienstleistungsbranchen vor, weder für die Auswirkungen auf die regionalen und sektoralen Arbeitsmärkte, auf die Höhe der Beschäftigung, ihre Struktur und Qualität, die Arbeitsbedingungen, die individuellen und kollektiven Arbeitnehmerrechte noch für die sozialen Auswirkungen. Auch die Auswirkungen auf die kleinen und mittleren Unternehmen, das Handwerk und die freien Berufe sind bisher – zumindest was Deutschland angeht – nicht analysiert.

Es steht zu hoffen, dass diese Folgeabschätzungen wenigstens noch vor der ersten Entscheidung des europäischen Parlaments öffentlich zur Verfügung stehen, um eine objektivere, sich an Fakten orientierende öffentliche Diskussion und politische Entscheidung zu ermöglichen.

Bis jetzt scheint die EU-Kommission jedenfalls nach dem Motto vorzugehen:

»Nix Gewisses weiß man nicht, auch nicht, was hinten rauskommt – aber wir wissen genau, wo's mit der Richtlinie lang gehen soll.«

Die vorgeschlagenen Maßnahmen

Allen von der Kommission vorgeschlagenen Maßnahmen liegt die Idee eines umfassenden mehrjährigen Prozesses der Deregulierung, Liberalisierung und letztlich Privatisierung des Dienstleistungssektors zugrunde. Der bisher vorrangige und in den EG-Verträgen auch vorgesehene Weg der Harmonisierung, wie er z.B. gerade im Finanz- und Versicherungssektor erfolgreich beschritten wurde oder im Umwelt-, Agrar- und Verbraucherschutz lange entwickelt und Schritt für Schritt umgesetzt wird – er wird von der Kommission bewusst nicht beschritten. Er wird von ihr als zu mühsam und zeitraubend angesehen, außerdem sah sie wohl in Absprache mit der interessierten Wirtschaft die Zeit gekommen für einen neokonservativen, paläoliberalen Präventionsschlag gegen die Versuche, das Marktmodell Europa nun mit sozialem Inhalt anzureichern. Die bescheidenen, aber doch spürbaren sozialen Ansätze in der gleichzeitig diskutierten neuen europäischen Verfassung sollten durch die normative Kraft der Richtlinie faktisch und wirksam untergraben werden. Dies ist ein bewusstes In-den-Wind-Schlagen der Warnung von Jacques Delors, dass ein gemeinsamer Binnenmarkt nicht zu einem Wettbewerb in Europa führen dürfe, »der die fundamentalen Rechte der Arbeitnehmer in Frage stellt«.

Um dieses Ziel eines schrankenlosen Binnenmarktes für Dienstleistungen möglichst schnell zu erreichen, schlägt die Kommission als wesentliche Elemente vor:

1. Zur Beseitigung von Hindernissen für die *Niederlassungsfreiheit* u.a.:
   - die Einrichtung einheitlicher Ansprechpartner (so genannte One-Stop-Shops) auf der Ebene von Mitgliedstaaten, um alle Verwaltungsmodalitäten zu erledigen;
   - elektronische Verfahrensabwicklung;
   - Vereinbarung von Grundsätzen zu Genehmigungsanforderungen;
   - Verbot von restriktiven rechtlichen Anforderungen;
   - Pflicht zur Prüfung der Vereinbarkeit einer Reihe von rechtlichen Anforderungen.
2. Zur Beseitigung von Hindernissen für den freien *Dienstleistungsverkehr* u.a.:
   - die Anwendung des Herkunftslandprinzips statt des bisher in zentralen Marktbereichen und bei Dienstleistungen gültigen Prinzips der schrittweisen Schaffung gemeinschaftlichen Rechtes;
   - die Einführung des Rechts der Dienstleistungsempfänger auf Inanspruchnahme von Dienstleistungen aus anderen Mitgliedstaaten;
   - Maßnahmen zur Unterstützung der Dienstleistungsempfänger aus einem anderen Mitgliedstaat;
   - die Regelung des Ablaufs der Kontrollverfahren bei der Entsendung von Arbeitnehmern im Zusammenhang mit

der grenzüberschreitenden Erbringung von Dienstleistungen.

3. Zur Stärkung des gegenseitigen Vertrauens zwischen den Mitgliedstaaten sieht die Richtlinie vor:
   - die gezielte Harmonisierung allgemeinrechtlicher Vorschriften;
   - die Intensivierung der gegenseitigen Unterstützung zwischen den Mitgliedstaaten zur Gewährleistung einer wirksamen Kontrolle der Dienstleistungstätigkeiten;
   - Maßnahmen zur Qualitätsförderung;
   - die Etablierung von freiwilligen Verhaltenskodizes.

Die Dominanz des Herkunftslandprinzips

Strategisch wichtig ist dabei die Einführung bzw. *absolute Dominanz* des *Herkunftslandprinzips (Art. 16)*. Es besagt, dass der Dienstleistungserbringer *nur* den Rechtsvorschriften seines Herkunftslandes unterliegt, und zwar bezüglich

- der Aufnahme und der Ausübung der Dienstleistung und
- der Regelung des Verhaltens der Dienstleistungserbringer, der Qualität oder des Inhalts der Dienstleistungen, der Werbung, der Verträge und der Verantwortlichkeit der Dienstleistungserbringer.
- Auch die Kontrolle der Dienstleistungserbringer sowie der von ihm erbrachten Dienstleistungen obliegt dem Herkunftsstaat, auch wenn der Dienstleistungserbringer die Dienstleistungen in einem anderen Staat erbringt. (Art. 16, Abs. 2)
- Weiterer zentraler Bestandteil des Herkunftslandprinzips sind die im Artikel 14 aufgelisteten »unzulässigen Anforderungen«, in denen den Mitgliedstaaten untersagt wird, auf ihrem Hoheitsgebiet an die ausländischen Dienstleistungserbringer bestimmte Anforderungen zu stellen: z.B. eine Niederlassung zu unterhalten, eine Erklärung oder Meldung abzugeben, eine Genehmigung zu beantragen, eine Anschrift oder eine Vertretung zu haben, eine bestimm-

te Infrastruktur zu errichten, einschließlich Geschäftsräumen, einer Kanzlei oder einer Praxis, zur Erbringung einer Dienstleistung eine im Land geltende Anforderung zu erfüllen, die Anwendung bestimmter vertraglicher Beziehungen zwischen Dienstleistungserbringern und -empfängern.

- Des weiteren ist verboten, sich von den zuständigen Stellen einen besonderen Ausweis für die Ausübung der Dienstleistungstätigkeit ausstellen zu lassen oder die Erfordernis, eine finanzielle Sicherheit zu stellen oder sich daran zu beteiligen oder eine Versicherung bei einem Dienstleistungserbringer oder einer Einrichtung abzuschließen, die auf ihrem Hoheitsgebiet niedergelassen ist.
- Mit Artikel 15, »zu prüfende Anforderungen«, werden die Mitgliedstaaten einem Evaluierungsprozess unterworfen, der ggf. mengenmäßige oder territoriale Beschränkungen beseitigen und ihre Rechts- und Verwaltungsvorschriften in Bezug auf die Aufnahme einer Dienstleistungstätigkeit nach dem Prinzip der Diskriminierungsfreiheit, der Erforderlichkeit und der Verhältnismäßigkeit überprüfen soll.
- Die Mitgliedstaaten werden nicht nur auf ihre Verantwortung verwiesen, alle Hindernisse für eine freie Dienstleistungstätigkeit zu identifizieren und abzubauen,
- sie verpflichten sich auch, die Prüfung und den Liberalisierungsprozess aktiv voranzutreiben.

Widerspruch zu den europäischen Verträgen, der künftigen europäischen Verfassung und dem Grundgesetz?

Auch wenn viele Äußerungen von Kommissionsbeamten und juristische Erläuterungen es nahe legen: Das Herkunftslandprinzip ist weder in den Gründungsverträgen der EWG festgelegt noch aus der Rechtssprechung des Europäischen Gerichtshofes (EUGH) für den Dienstleistungsbereich ableitbar. Der EUGH hatte zwar im Jahre 1979 in einem Grundsatzurteil entschieden, dass in der Regel ein in einem EU-Mitgliedstaat hergestelltes Produkt, das in diesem Land rechtmäßig vertrieben werden darf, auch in einem anderen EU-Staat verkehrsfähig sein muss. Daraus wurde allgemein ein »neuer Harmonisierungsansatz« im Binnenmarkt (für Güter) gefolgert, der jetzt auch auf den Bereich der Dienstleistungen ausgeweitet werden müsse.

Worum ging es in dem konkreten Streitfall vor dem EUGH? Das oberste europäische Gericht hatte in der Sache »Cassis de Dijon« das deutsche Verbot, Spirituosen unter einem gewissen Alkoholgehalt als »Likör« zu verkaufen, als unzulässig angesehen: Eine Information des deutschen Verbrauchers auf dem Etikett, dass die Alkoholkonzentration beim Cassis de Dijon etwas niedriger ist als bei deutschen Likören, reiche aus, um die erstrebte Schutzfunktion zu erreichen. Eine Manipulation des international bekannten französischen Likörs wurde – zu Recht – nicht als angemessen angesehen. Eine solche Rechtssprechung setzte und setzt aber voraus, dass die Unterschiede im Produkt klar erkennbar sind und dass der Konsument Wahlmöglichkeiten besitzt. Im Falle von Beanstandungen oder Mängelrügen muss sich bis heute ein Genießer von schwarzem Johannisbeerlikör auch nicht klagend ins Burgund bemühen oder nach französischem Recht in Greifswald sein Recht suchen, sondern kann das wie bei einer Mängelrüge an einem Ferrari oder Volvo nach deutschem Recht in Deutschland mit dem Importeur abmachen.

Dasselbe gilt für Kartoffeln, Handys und Kaffeemaschinen aus deutscher wie europäischer Produktion. Bei ersteren achtet die EU-Kommission über gemeinschaftliches Recht darauf, dass weder die Kartoffeln noch das Grundwasser mit Pestiziden verseucht werden, und für die Verkehrssicherheit elektrischer Haushaltsgeräte gibt es selbstverständlich europäische, geprüfte Sicherheitsstandards – die spanische Firma darf sie selbstverständlich nach den nötigen Verfahren europaweit in Verkehr bringen –, aber die allfälligen Rechtsstreitigkeiten werden in Deutschland und nach deutschem Recht ausgetragen. Bei Automobilen ist es noch etwas komplizierter, weil es in jedem europäischen Land andere Zulassungsvorschriften gibt, auf deren Einhaltung auch penibel geachtet wird. Schon diese wenigen Beispiele zeigen, dass die Behauptung faktisch nicht haltbar ist, mit der Richtlinie sollten nur die Regeln, die heute schon auf dem Binnenmarkt für Güter gälten, auf den Bereich der Dienstleistungen übertragen werden.

Darüber hinaus ist die Vorstellung, dass die Gütermärkte den Märkten für Dienstleistungen gleichgesetzt werden könnten, eine merkwürdige und menschenverachtende Idee, die seit den Zeiten der Sklaverei, der Leibeigenschaft und der Lohnsklaverei aus den Köpfen selbst paläoliberaler Ökonomen und Juristen verbannt sein sollte.

Dienstleistungen bestehen wesentlich aus menschlicher Arbeitskraft. Wenn die Würde des Menschen respektiert wird, dann ist ein Kartoffelmarkt etwas anderes als ein Arbeitsmarkt. Handys, Cassis-Likör und Autos sind nicht dasselbe wie Kochen, Reinigen und Bügeln, Pflegen und Operieren, Lehren, Forschen, Verbrecher jagen, Artikel schreiben oder Bus fahren. Damit müssen aber die staatlichen Regulierungen, besonders die ökonomischen und sozialen, anders aussehen als beim Handel mit Schweinehälften oder Kartoffelchips.

Das ist übrigens keine versponnene Idee, sondern der Inhalt des ersten Artikels unserer Verfassung: »Die Würde des Menschen ist unantastbar. Sie zu schützen und zu achten, ist Pflicht aller staatlichen Gewalt«.

Welche Konsequenzen hat die Anwendung des Herkunftslandprinzips in Deutschland?

Die Leistung des Dienstleistungserbringers ist künftig zur Gänze dem Recht und der administrativen Kontrolle des Herkunftsstaats des Unternehmens oder des Selbständigen unterworfen, auch wenn der Anbieter Dienstleistungen in einem anderen Staat erbringt. (Art. 16, Abs. 2)

Das bedeutet, dass auf dem Boden ein- und desselben Staates 25 parallele Rechtssysteme in über 20 Sprachen gültig sein und zueinander in Konkurrenz treten werden: Das anzuwendende Recht wäre von Person zu Person bzw. Betrieb zu Betrieb, Dienstleistung bzw. Dienstleistungsteil je nach Herkunft des Dienstleisters verschieden. Eine solche Situation ist in der Geschichte mit Ausnahme der Zeiten von Kolonialherrschaft ohne Beispiel. Selbst beim Turmbau zu Babel gab es zwar verschiedene Sprachen, ansonsten aber galt das Recht des Stadtkönigreiches Babylon.

In der Folge wird es zu einer Reihe von wirtschaftlichen und ökonomischen Problemen kommen, die von der EU-Kommission weder systematisch analysiert noch in ihrer Konsequenz für die Entwicklung des Binnenmarktes für Dienstleistungen für Wachstum, Arbeitsplätze, Innovation, die kollektiven wie individuellen Arbeitnehmerrechte, aber auch die kleinen Unternehmen und die Selbstständigen bedacht wurden.

Tohuwabohu in EURO-Land

Als Folge der Einführung des Herkunftslandprinzips werden zwar die Hürden und somit Transaktionskosten der Beachtung des Rechtes des Export- bzw. Ziellandes durch das Dienstleistungen exportierende Unternehmen geringer – aber für alle Unternehmen, die Dienstleistungen nachfragen, werden dafür *zusätzliche* Hürden im *eigenen* Land mit erheblich höheren Kosten errichtet. Das heißt, die von der Kommission beklagten Hindernisse werden einfach von der *Anbieterseite* auf die *Nachfrageseite* verschoben. Diesen Unternehmen und Selbstständigen, die bisher weit überwiegend nicht exportierten, sondern sich auf den nationalen Binnenmarkt beschränkten (oder höchstens in ein oder zwei weitere Staaten exportierten) – und dies ist die weit überwiegende Zahl aller Unternehmen in der Union –, werden nun ganz erhebliche Informations- und Rechtsanpassungskosten aufgeladen. Gerade für kleine und mittlere Unternehmen wird die Kenntnis bzw. die Beurteilungsmöglichkeit von Leistungs- bzw. Kaufverträgen in 25 Rechtssystemen in über 20 Sprachen unmöglich sein oder aber zu erheblichen Kosten führen.

Für Großunternehmen – die schon immer ausreichend große Rechtsabteilungen hatten und/oder auf spezialisierte, kostspielige Anwaltskanzleien zurückgreifen konnten, ist dies kein großes Problem. Darüber hinaus sind die von ihnen verlangten Änderungen auf Seiten des Europäischen Parlaments und der EU-Kommission bereits fest zugesagt: die Anerkennung des Internationalen Privatrechts als Möglichkeit. Damit gilt für die Großen nicht das Herkunftslandprinzip, sondern Recht à la carte mit dem nahezu beliebigen Ausschluss öffentlicher Regulierungen. Für die große Masse der kleinen und mittleren Unternehmen, der Selbstständigen, ja selbst der Minderkaufleute und Ich-AG's wird es dies nicht geben können.

Auf die staatliche Verwaltung und die mit öffentlichen Aufgaben betrauten Institutionen kommen weitere Probleme hinzu:

Jeder Mitgliedstaat muss erhebliche Kontroll-, Rechtssprechungs- und Vollstreckungskapazitäten in 25 Rechtssystemen in über 20 Sprachen aufbauen. Er ist darüber hinaus gezwungen, auf seinem eigenen Boden seine eigenen Staatsbürger nach fremdem Recht zu richten – obwohl diese Bürger sein heimisches Territorium nicht verlassen haben.

Selbst wenn die Justizverwaltungen und z.B. Kammern in der Lage wären, diese Kapazitäten rechtzeitig aufzubauen, wird es eine erhebliche Intransparenz und Rechtsunsicherheit – also eine babylonische Rechtsverwirrung – im Binnenmarkt geben. Auslegungsdifferenzen zwischen etwa der Anwendung polnischen Rechts bei französischen, englischen oder deutschen Gerichten sind bei den unterschiedlichen Rechtskulturen fast unvermeidlich. Man bedenke nur die Unterschiede zwischen dem angelsächsischen Case Law und dem am römischen Recht orientierten französischen Recht.

In diesem Zusammenhang kommen wir noch zu einem weiteren Problem: Wir haben bisher in Europa kein gemeinsames Recht, was das *unlautere* Verhalten von Unternehmen angeht. Manches Unternehmenshandeln ist in einigen Staaten erlaubt, in anderen verboten und manches davon sogar strafbewehrt. Soll ein französischer Richter also einen Immobilienmakler straffrei ausgehen lassen, der nach spanischem Recht Immobilienbesitz verkauft, den der Verkäufer gar nicht besitzt – wofür er in Frankreich aber auch strafrechtlich gerade stehen muss?

Zusätzlich stellt sich die Frage, wie der Richterspruch oder die Verwaltungsstrafe durchgesetzt werden kann. Einer der weiteren größten Schwachpunkte ist ohne Zweifel das Fehlen eines EU-weiten *Verwaltungsvollstreckungsabkommens*.

Ohne ein solches Abkommen besteht die Gefahr, dass Gesetzesverstöße bewusst begangen oder in Kauf genommen werden, weil in vielen, vor allem minder schweren Fällen keine Durchsetzung des Rechts zu erwarten ist. Damit wird unlauterer Wettbewerb auch dort provoziert, wo das Recht und die Sanktionen für Verstöße recht ähnlich sind.

Auch die *technische* Ausrichtung einer derartigen Zusammenarbeit ist ungelöst. Selbst im Bereich der Verbrechensbekämpfung führen Kompetenzprobleme zwischen den nationalen Behörden, mangelnde technische Ausstattung, Softwareprobleme und schließlich sprachliche Barrieren und unterschiedlich organisierte Amtswege (man denke nur an unterschiedlich zentral bzw. föderal organisierte Zuständigkeiten) zu sehr langen Verzögerungen. Eine wirksame Rechtsverfolgung ist vielfach unmöglich und selbst justiziable Strafverfolgungsmaßnahmen enden – außer vielleicht bei Kapitalverbrechen – häufig genug an der Staatsgrenze.

Selbst wenn hier nun mehr Ressourcen mobilisiert und ein europäisches Verwaltungsvollstreckungsabkommen zügig eingeführt werden, bleibt immer noch die Frage, wie die Kontrolle eines Unternehmens, das in einem anderen Land Leistungen erbringt, *faktisch* erfolgen soll. Denn nach dem Bekanntwerden eines Verstoßes – woher weiß eine Behörde davon, wenn die Dienstleistung z.B. am Bau oder beim Reinigen von Wäsche oder für einen Amüsierbetrieb nur zeitweise erfolgt? – muss die deutsche Behörde zuerst die zuständigen Behörden des Herkunftslandes informieren und diese dann aus einer Distanz von hunderten, vielleicht sogar tausenden von Kilometern auf dem Wege der Amtshilfe um Ergreifen geeigneter Maßnahmen ersuchen. Gerade in sensiblen Bereichen wie beim Baugewerbe, aber auch in Graubereichen wie z.B. Glücksspielen und Amüsierbetrieben ist davon auszugehen, dass eine derart schwerfällige Kontrolle in den meisten Fällen zu spät käme. Bereits heute greifen staatliche Kontrollen nur spät oder sind vielfach unwirksam, um Steuerhinterziehung (siehe den gigantischen Umsatzsteuerbetrug in der EU) und Schwarzarbeit in de Griff zu bekommen.

Welches Interesse sollte eine Behörde in einem Herkunftsland auch haben, sich außer in sehr schwerwiegenden Fällen mit hohem Arbeitsaufwand um Beschwerden aus einem Drittland gegen eigene Firmen zu kümmern? Man muss nicht mal eine »Augen-zu-Hand-auf«-Mentalität unterstellen. Eine gewisse Behördenträgheit gepaart mit unzureichender Amts- und Personalausstattung, unzureichenden Sprachkenntnissen und fehlendem öffentlichen Druck reichen wohl aus. Bedauerlicherweise sind all dieser Aufwand und die Kosten von der Kommission weder systematisch berücksichtigt noch kalkuliert worden.

Da solche Kosten weitgehend unabhängig von der Größe des Unternehmens sind, würden die kleinen und mittleren Unternehmen besonders stark belastet.

Die Angebotsseite wird systematisch bevorzugt, die Seite der Nachfrager und Verbraucher benachteiligt. Letztere werden mit »Informationen auf Anfrage« und dem Verweis auf freiwillige Verhaltenskodizes abgespeist. Die Europäischen Verbraucherverbände nennen das Vorgehen der Kommission und deren Optimismus deswegen auch »den Sieg der Hoffnung über die Erfahrung«.

Fazit

Die bestehenden rechtlichen und administrativen Hürden und Kosten werden also durch das Herkunftslandprinzip selbst *nicht* beseitigt – das könnte nur eine weitgehende Harmonisierung durch gemeinsames europäisches Recht –, sondern nur anders verteilt: von den Anbietern auf die Nachfrager von Dienstleistungen und von den Exporteuren auf die Importeure im jeweiligen Land, von der exportierenden Wirtschaft auf den Staat und die mit öffentlichen Aufgaben betrauten Institutionen. Die Durchsetzung von Recht und die öffentliche Kontrolle wird durch den Vorschlag der Kommission derart reduziert, dass das Vertrauen der Staatsbürger in die Rechtssicherheit, Rechtssprechung und Rechtsdurchsetzung – also in den Rechtsstaat – in Mitleidenschaft gezogen würde. Verantwortlich für das Rechtschaos wäre »Europa« – ein kaum mehr gutzumachender Vertrauensschaden entstünde.

Mittelfristige Folgen des Herkunftslandprinzips

Frits Bolkestein und die zuständige Generaldirektion der EU-Kommission haben diese Folgen sicherlich auch vorausgesehen und die Schäden für Wachstum, Beschäftigung und Innovation und für die kleineren Unternehmen einkalkuliert. Es muss ihnen klar gewesen sein, was sie mit der Organisation eines Rechts- und Verwaltungschaos in Europa anrichten, aber sie wollten meines Erachtens mit dem Herkunftslandprinzip die ungeliebten staatlichen Regulierungen mit *einer* Bombe wegsprengen, eine marktradikale Lawine erzeugen, die den europäischen Sozialstaat mittel- und nordeuropäischer Ausprägung unter sich begräbt, ohne sich auf einzelne Zeit und Kräfte raubende Attacken einlassen zu müssen.

Als wichtigster Katalysator für eine solche Strategie werden sich die *Auswirkungen des Herkunftslandprinzips* auf die *heimischen mittleren und kleinen Betriebe* erweisen.

Folgen für die heimischen Betriebe

In der Konsequenz des Herkunftslandprinzips sehen sich in Deutschland inländische Betriebe mit strengeren Auflagen, höheren Steuern und Sozialabgaben und höheren Löhnen und daher mit höheren Gesamtkosten als ausländische Betriebe (Inländerdiskriminierung) konfrontiert.

Um diese Inländerdiskriminierung hat sich der EUGH bisher nicht gekümmert – nicht ganz zu Unrecht nahm er wohl an, dass die nationale Politik selbst darauf achten würde, dass diese nicht benachteiligt werden.

Die Unternehmen und Selbständigen würden dann entweder die Gleichstellung mit der ausländischen Konkurrenz einklagen oder im politischen Prozess oder in Tarifverhandlungen einfordern (müssen) und/oder ihre Unternehmen dorthin verlagern, wo günstigere Normen, Standards, Auflagen, Sozial- und Umweltabgaben sowie Steuern angeboten werden. Nach der Richtlinie genügt ja bereits eine Briefkastenfirma, sagen wir in Riga, der Slowakei oder auf der Insel Jersey, um von einschlägigen deutschen Belastungen befreit zu sein.

Besonders die kleinen Unternehmen und die Selbständigen werden aber die Verlagerungsoption nicht haben und daher besonders stark auf eine Senkung von höheren inländischen Belastungen drängen, weil ihre Existenz auf dem Spiel steht.

Ein *allgemeines* rasches *Sozial-*, *Lohn-*, *Steuer-*, *Öko-* und *Qualitätsdumping* ist damit absehbar und zwangsläufig – ebenso ein breiter *Outsourcing-* bzw. *Betriebsverlagerungs*prozess: die Unternehmenszentrale ab ins *Niedrigsteuer*land, der arbeitsintensive Dienstleistungsunternehmensteil ins *Niedriglohn*land mit den *geringsten Sozialabgaben*, die Informations- und Werbeabteilung ins Land mit den *schwächsten Verbrauchervorschriften* und die Entsorgung von gefährlichen Stoffen ins Land mit den schwächsten *Umweltauflagen* bzw. *-kontrollen* und einem werbewirksamen freiwilligen Verhaltenskodex.

Die *Sozialkassen* – Renten-, aber erst recht Krankenkassen – kämen schnell in eine weitere und *verschärfte Finanzierungskrise*, weil immer weniger abhängig Beschäftigte in der deutschen Sozialversicherung verbleiben dürften.

Es käme zu einem *Erdrutsch* in Richtung einer *Harmonisierung auf niedrigstem Niveau*, denn ein »Tohuwabohu in Euro-Babylon« wird sich auf längere Zeit niemand leisten können. Eine EU, die sich in Lissabon das Ziel gesetzt hat, »der wettbewerbsfähigste und dynamischste wissensbasierte Wirtschaftsraum der Welt« zu werden, wird dieses Ziel auch nach der Bewältigung des Regulierungschaos abschreiben müssen: Die Überlebens- und Anpassungsstrategien der Unternehmen und Arbeitnehmer werden wohl nur im Ausnahmefall primär auf Innovation, Entwicklung der Humanressourcen, Akkumulation von Knowhow und Wissensbasen gerichtet sein – nimmt man einmal die Erkenntnisse aus, die im Vergleich der nationalen Rechts- und Regulierungssysteme und dem Aufbau computergestützter einschlägiger Wissenbasen gewonnen werden. Die Auswirkungen auf das Konsum- und Investitionsklima in der Einführungs- und Gewöhnungsphase dürften mit Sicherheit nicht positiv sein. Für ausreichend Arbeit einer ganzen Juristengeneration vor allem der großen internationalen Anwaltskanzleien – Rechtsanwälte unterliegen übrigens nicht der Richtlinie – dürfte allerdings gesorgt sein.

Herkunftslandprinzip – was bleibt dem Recht noch an demokratischer Legitimation?

Ein weiteres, und wie ich meine, grundsätzliches politisches und demokratisches Legitimationsproblem wird noch kaum in der Öffentlichkeit diskutiert: Ein verbindendes Element aller modernen Demokratien der Welt ist der Grundsatz, dass alle Gewalt vom Volk ausgeht, d.h. dass jedes Gesetz in einem vom Volk legitimierten Prozess – sei es direkt über Plebiszit oder von Parlamenten – verabschiedet wird. Der Bürger eines Staates oder auch eines regionalen Verbundes wie der Europäischen Union legitimiert die Gesetzgebung und auch die zur Kontrolle und Sanktionierung eingesetzten Organe und Institutionen, die prinzipiell der Änderung zugänglich sind. Mit der Anwendung des Herkunftslandprinzips bin ich – auch wenn ich mein eigenes Land nicht verlasse – einem Recht unterworfen, das ich weder durch die Wahl der Gesetzgeber noch durch einen direkten Wahlentscheid beeinflussen und legitimieren konnte und kann. Ich muss trotz anders lautender Artikel aller nationalen Verfassungen der Mitgliedstaaten eine Ungleichbehandlung hinnehmen, und der Weg zu den höchsten nationalen Gerichten ist mir zwar weiter zugänglich, aber wirkungslos, weil das Bundesverfassungsgericht einem lettischen oder portugiesischen Gesetzgeber gleichgültig sein kann. Die letzteren sind an mir und meinen Rechten uninteressiert, weil ich weder auf ihrem Territorium lebe noch sie wählen darf.

Das europäische Parlament könnte vielleicht interessiert sein – aber da es noch nicht einmal ein Initiativ-Recht zum Einbringen von Gesetzen hat, dürfte es kaum mehr als eine Klagemauer für das demokratische Defizit in Europa bilden.

Die soziale Dimension Europas bleibt auf der Strecke

Mit der Dienstleistungsrichtlinie attackiert die EU-Kommission auch offen die soziale Dimension im EG-Vertrag und die noch weitergehenden Vorschriften der künftigen, allerdings durch die Abstimmungen in Frankreich und den Niederlanden ins Straucheln geratenen EU-Verfassung. Schon im EU-Vertrag waren nicht nur der einheitliche Binnenmarkt ein Ziel, sondern auch ein hohes Niveau an Beschäftigung, sozialem Schutz und Umweltqualität sowie die Hebung des Lebensstandards, der Lebensqualität und des sozialen Zusammenhalts gleichwertige Ziele und Grundprinzipien. Der frühere Kommissionspräsident Jacques Delors hatte immer wieder betont, dass es auf dem Weg zum Binnenmarkt keinen »negativen sozialen Fortschritt« geben dürfe. Von solchen rhetorischen Ausflügen ist der derzeitige Kommissionspräsident Barroso weit entfernt. Für ihn und den Nachfolger Bolkesteins, Binnenmarktkommissar McCreevy, zählt nur die möglichst rasche und reibungslose Durchsetzung des marktradikalen Modells.

Im Vorschlag der künftigen Verfassung wird noch Vollbeschäftigung und sozialer Fortschritt, Förderung von sozialer Gerechtigkeit und sozialem Schutz verlangt, in der Richtlinie wird allein auf ökonomische Ziele, besser gesagt, auf einzelunternehmerische Erfolgskriterien wie Wettbewerb, Kostensenkung und Gewinnmaximierung fokussiert.

Es sieht so aus, als seien die Verantwortlichen an der Spitze der Kommission nicht so unglücklich über das Scheitern der europäischen Verfassung, wie sie öffentlich verlauten lassen.

Missachtung des Grundsatzes der Gleichbehandlung und absehbares Lohndumping

Mit dem vorgeschlagenen Entwurf versucht die Kommission unter Berufung auf die Dienstleistungsfreiheit den grundlegenden Gleichbehandlungsgrundsatz des Art. 50 (3) des EG-Vertrages auszuhebeln. Dort ist verbindlich festgelegt, dass die Person, die ihre Dienstleistung zeitweilig in einem anderen Staat erbringt, dies »unter denselben Bedingungen« tun muss, die der betreffende Staat »seinen eigenen Staatsangehörigen auferlegt«.

Die freie Bewegung der Arbeitnehmer – das Äquivalent der Niederlassungsfreiheit – ist nach dem EG-Vertrag gebunden an das Prinzip der Gleichbehandlung und Nicht-Diskriminierung aufgrund der Nationalität. Das Prinzip der Gleichbehandlung wurde durch die Europäische Charta der Grundrechte 2000, Art. 15 (3) auch auf Angehörige aus Drittstaaten ausgedehnt.

Die Richtlinie übergeht aber bewusst den Vertrag und die Verfassungen der Mitgliedstaaten. Damit ist absehbar: Wenn an einem Ort, in einem Betrieb nach dem Recht des Herkunftsstaates verschiedene Löhne und Abgaben gezahlt werden und verschiedene Arbeitsrechte gelten, dann ist eine allgemeine Senkung der realen Masseneinkommen bzw. zumindest ein Einfrieren der Nominallöhne wahrscheinlich. Die nationalen Regelungen über Gewerkschafts-, Arbeitskampf- und Mitbestimmungsrechte kämen ebenfalls unter Druck, denn für formal im Ausland registrierte Firmen fände hier nach dem Herkunftslandprinzip ebenfalls nicht mehr das Inlandsrecht, sondern das Recht des »Herkunftslands« des Unternehmens Anwendung.

Die Entsenderichtlinie steht zur Disposition

Es ist also kein Wunder, wenn die Gewerkschaften überall in Europa gegen diese EU-Dienstleistungsrichtlinien Sturm laufen und deutlich machen, dass auch der erste Schritt zur Gleichbehandlung, die Entsenderichtlinie für zeitlich entsandte Arbeitnehmer, rechtlich und faktisch mit der Anwendung des Herkunftslandprinzips vollständig zur Disposition steht und damit das einzige Sicherheitsnetz gegen den Absturz in ausbeuterische Löhne und Arbeitsbedingungen zu reißen droht. Dabei sollten wir nicht vergessen – die Entsenderichtlinie gilt in Deutschland nur beim Bau, und im Gegensatz zu vielen EU-Staaten hat Deutschland keine Mindestlohngesetzgebung. Eine gewisse Kontrolle zum Schutz vor Ausbeutung in sensiblen Bereichen wie dem Bau wäre mit dem Kommissionsvorschlag nicht mehr gewährleistet.

Die EU-Dienstleistungsrichtlinie, so wie sie heute vorliegt, ist der Versuch, die ohnehin schon um Jahrzehnte verspätete Einführung der sozialen Dimension in Europa zu verhindern.

Weiteres Vorgehen und Forderungen

Aus diesen wenigen grundlegenden Argumenten wird klar, dass die EU-Richtlinie nicht allein durch das Herausnehmen wichtiger Dienstleistungsbereiche akzeptabel wird, sondern nur ein *Zurückziehen* und *eine grundlegende Überarbeitung, die sie sozial vom Kopf auf die Füße stellt*, ihre Annahme möglich macht. Die EU-Kommission darf nicht mehr allein mit dem EU-Ministerrat hinter verschlossenen Türen verhandeln. Zu tiefgreifend sind die Auswirkungen der EU-Dienstleistungsrichtlinie für Arbeitsmarkt, Sozial- und Rechtssystem. Die ganze Richtlinie muss *öffentlich* diskutiert und *mit den Betroffenen beraten* werden.

Für die EU-Richtlinie gilt das Mitentscheidungsverfahren. EU-Parlament und Ministerrat müssen sich einigen, damit sie in Kraft gesetzt werden kann. Der Richtlinienentwurf befindet sich derzeit in den Beratungen im Rat. Der federführende Ausschuss des Europäischen Parlaments für »Binnenmarkt und Verbraucherfragen« hat am 22. November 2005 in einer mehrstündigen Sitzung über den Vorschlag abgestimmt und eine Fülle von Änderungsanträgen beschlossen. Die erste Lesung im Europäischen Parlament ist für Februar 2006 vorgesehen. Wer sich allerdings nach dem Bericht von MdEP Evelyn Gebhardt (SPE) Hoffnung auf grundlegende Änderungen im Ausschuss beim Herkunftslandprinzip, der öffentlichen Kontrolle, den individuellen und kollektiven Arbeitnehmerrechten und weitgehende Ausnahmen im Bereich der sozialen Dienste und der Daseinvorsorge gemacht hatte, sah sich getäuscht. Organisiert vom britischen MdEP und Schattenberichterstatter Malcolm Harbour (Conserv.) sowie CSU-MdEP Wuermeling, seit 1.1.2001 beamteter Staatssekretär im BMWI, hatten die EVP-Fraktion und die Liberalen im Ausschuss ohne jegliche Vorwarnung die wochenlang ausgehandelte Kompromisslinie verlassen und waren dabei von der harten Linie der Kommission nur in jenen wenigen Punkten abgewichen, die auch Tony Blair für notwendig hielt.

Beschlüsse des Binnenmarktausschusses des EU-Parlaments vom 22. November 2005

Es bleibt beim *Herkunftslandprinzip* (Art. 16) – auch wenn die Überschrift über diesem Kapitel nun »Verwaltungsvereinfachung« bzw. freier Dienstleistungsverkehr heißt. Dies gilt nicht nur für die Zulassungsvorschriften, sondern auch für die Ausübung der Dienstleistungen in der gesamten Europäischen Union (Abstimmungsergebnis: 21 ja, 16 nein, 3 Enthaltungen). Der Kompromissvorschlag von Evelyne Gebhardt, wonach das Herkunftslandprinzip lediglich für die Zulassung des Unternehmens im Herkunftsland gelten soll, hat bei der Abstimmung keine Mehrheit gefunden.

Auch die *Kontrolle des Unternehmens* soll prinzipiell vom Herkunftsland wahrgenommen werden. Nur in jenen Bereichen, in denen es Ausnahmen vom Herkunftslandprinzip gibt und das Recht des Ziellandes gilt, soll auch das Zielland für die Kontrolle zuständig sein.

Die Artikel 14 und 15 bleiben in den Kernbestimmungen in Kraft, zudem wird ein weitgehendes *Interventionsrecht* der Beamten der Kommission in die inneren Angelegenheiten der Mitgliedstaaten bis ins Detail von Rechtsverordnungen etabliert. Allerdings wurde das Herkunftslandprinzip an dieser Stelle *aufgeweicht* durch die folgende neue Bestimmung: »this does not prevent the member state into which the service provider moves from enforcing its specific requirement with regard to the exercise of a service activity that are indispensable for reasons of public policy or public security or for the protection of the health or the environment in order to prevent particular risks at the place where the service is provided.«[1]

Die Mitgliedstaaten dürfen also von den Unternehmen die Einhaltung ihrer Vorschriften verlangen – allerdings *unter drei Einschränkungen*:

1. die Vorschriften des Ziellandes beziehen sich nur auf *Ausübungsvorschriften,*
2. sie müssen mit dem Schutz der *öffentlichen Sicherheit*, der *Gesundheit und der Umwelt* begründet werden und
3. sie müssen *unerlässlich* sein.

Weitere Gründe wie Verbraucherschutz und kommunale Vorschriften sind nicht mehr zulässig. Die Formulierung »unerlässlich« gibt zudem bei Unterschieden im nationalen Recht einen beliebig großen Auslegungsspielraum und Anlass zu Rechtsstreitigkeiten. Damit wird letztlich nicht mehr die nationale Politik, sondern die Rechtsprechung des EUGH die Weiterentwicklung des Europäischen Wirtschafts- und Sozi-

[1] »Dies hindert den Mitgliedstaat, in den sich der Dienstleistungsanbieter begibt, nicht daran, seinen besonderen Auflagen Geltung zu verschaffen, die bei der Erbringung einer Dienstleistung aus Gründen der öffentlichen Ordnung oder Sicherheit unerlässlich sind oder die den Gesundheits- oder Umweltschutz gewährleisten und entsprechenden Risiken am Ort der Dienstleistungserbringung vorbeugen.«

almodells im kommenden Jahrzehnt bestimmen. Selbst mit den erweiterten Kontrollmöglichkeiten, die der Binnenmarktausschuss nunmehr gegenüber dem Kommissionsentwurf zulässt, steht eine effektive Kontrolle von grenzüberschreitenden Unternehmen nicht auf der Tagesordnung: Es gibt weder eine *Meldepflicht* für die im Ausland zu erbringenden Dienstleistungen, noch muss das Unternehmen im Herkunftsland die Dienstleistungen selbst erbringen, es genügt ein steuerndes Hauptquartier – etwas mehr als eine Briefkastenfirma wie bisher. Damit stehen aber immer noch die Kontrollen wie die Strafmöglichkeiten weitgehend auf dem Papier.

Beim Geltungsbereich der Richtlinie hat es nur wenige Korrekturen gegeben.

- *Geltungsbereich der Richtlinie (Art. 1)*

  Es ist einvernehmlich klargestellt, dass die Richtlinie sich nicht auf die Liberalisierung der Dienste im allgemeinen Interesse bezieht und dass es grundsätzlich bei der Anwendung des deutschen Arbeitsrechts bleibt, sowohl des Individual- wie des Kollektivarbeitsrechts. Für entsandte Arbeitnehmer gilt weiterhin die Entsenderichtlinie. Dies ist prinzipiell ein Fortschritt bzw. eine Klarstellung gegenüber dem Kommissionsentwurf – allerdings ist für Deutschland diese Klarstellung nur von begrenztem Wert, weil die Entsenderichtlinie bei uns überwiegend nur für den Baubereich gilt und zudem ein Abänderungsantrag, auch *Leiharbeitsfirmen* von der Dienstleistungsrichtlinie auszunehmen, *keine Mehrheit* gefunden hat.

  Da aber die Anwendung deutschen Arbeitsrechts bei Firmen, die nur zeitweise hier arbeiten, faktisch kaum kontrolliert werden kann und diese zudem die Möglichkeit haben, sich systematisch der Dienste von Leiharbeitsfirmen zu bedienen, Leiharbeit überdies ausdrücklich und absichtlich durch die konservative Seite nicht geregelt wurde, wird zumindest in Deutschland ohne eine allgemein verbindliche Entsenderichtlinie und ohne gesetzliche Mindestlöhne Lohndumping nicht verhindert. Eine endgültige Würdigung der Bedeutung der Beschlüsse des Binnenmarktausschusses und der denkbaren Umgehungsmöglichkeiten de jure und in der Praxis kann erst nach einer Übersetzung des englischen Textes und der Prüfung im Zusammenhang mit anderen Bestimmungen (insbes. Art. 16 und 17) und den Erwägungsgründen vorgenommen werden.

- *Ausnahmen vom Geltungsbereich der Richtlinie (Art. 2)*
  Ausgenommen sind: Dienste, die in Zusammenhang mit der Ausübung öffentlicher Gewalt stehen, Steuern, Dienste im allgemeinen Interesse, wie von den Mitgliedstaaten definiert, aber nur, insoweit sie nicht dem Wettbewerb unterliegen, sowie Banken und Versicherungen, Altersvorsorge, Finanzdienstleistungen, elektronische Kommunikation, Verkehr, Gesundheit, audiovisuelle Dienste, Kinos, Glückspiel, Lotterien. Allerdings ist die Definition der audiovisuellen Dienste so gefasst, dass es genügend Einfallstore für die Privatwirtschaft geben kann.
  Insgesamt bedeutet der Artikel, dass die *Dienste im allgemeinen wirtschaftlichen Interesse, d.h. große Teile der Daseinsvorsorge,* u.a. weitgehend die Tätigkeiten der kommunalen Unternehmen, unter den Geltungsbereich der Richtlinie fallen. Entgegen den Erklärungen einer Reihe von konservativen Europaabgeordneten z.B. aus Österreich sind der *gesamte Sozialbereich* und der *gesamte Bildungsbereich* aus der Anwendung der Richtlinie *nicht* ausgeschlossen. Weggefallen ist auch die Generalklausel, dass alle Sektoren, für die es bereits EU-Regelungen gibt, von der EU-Dienstleistungsrichtlinie ausgenommen sind.
  Damit ergibt sich für die Kommission und insbesondere die Generaldirektion Wettbewerb die Möglichkeit, alle jene Bereiche, in denen sie sich in der Vergangenheit mit ihren Liberalisierungsforderungen nicht durchsetzen konnte, nach Belieben zu jedem Zeitpunkt wieder aufzurollen.
  Das bedeutet aber vor allem, dass die bisher von der Vergemeinschaftung ausgenommene Daseinsvorsorge auf diesem Weg – quasi über die Hintertreppe – in weiten Bereichen dem Gemeinschaftsrecht unterworfen wird, ohne deren spezielle Aufgaben und Sozialverpflichtung auch nur zu

diskutieren. (Ein Änderungsantrag zu Art. 2 lag vonseiten MdEP Gebhardt vor.)

- *Vom Herkunftslandprinzip ausgenommen, nicht aber von der Richtlinie* sind durch den Änderungsantrag der EVP zu Art 16 die Postdienste, die Dienste der Elektrizitätsversorgung und -übermittlung sowie der Elektrizitätszulieferung, Gasweiterleitung, der Gasversorgung, der Gaslieferung und der Gaslagerung, der Wasserversorgung und der Wasserlieferung sowie die Dienste der Abwasserbeseitigung und der Abfallbehandlung.
- *Vorrang des Internationalen Privatrechts*
  Das internationale Privatrecht erhält gegenüber der Richtlinie ausdrücklich Vorrang. In den Fällen, in denen ermittelt werden muss, welches Recht auf ein Vertragsverhältnis oder für Fragen des außervertraglichen Schadensersatzes angewendet wird, soll also auch in Zukunft nach den Regeln des internationalen Privatrechts und *nicht* nach dem *Herkunftslandprinzip* entschieden werden.
  Die Entwicklung ist ausdrücklich positiv zu bewerten und war von großen multinationalen Unternehmen wie von den Rechtsberatern der britischen Ratspräsidentschaft nachdrücklich gefordert worden.
- *Konflikte mit anderen EU-Regelungen* (Art. 3)
  Im Konfliktfall gelten die speziellen EU-Regelungen, insbesondere die EU-Entsenderichtlinie, VO 1408/71 über die Sozialversicherungen, die Richtlinie »Fernsehen ohne Grenzen«, die RL Anerkennung von Berufsqualifikationen, internationales Privatrecht und insbesondere die Rom I- und Rom II-Abkommen.

Wie geht es weiter?

Mitte Februar 2006 wird das *Europäische Parlament* in erster Lesung die Dienstleistungsrichtlinie diskutieren und beschließen. Angesichts der Auseinandersetzungen im Binnenmarktausschuss und des gespaltenen Abstimmungsverhaltens der

SPE-Fraktion ist die Abstimmungslage im Plenum noch nicht genau vorauszusehen, weil nicht nur die Gewerkschaften und die Sozialverbände gegen die Beschlüsse Sturm laufen und öffentlich demonstrieren werden, sondern auch das Handwerk, die kleinen Unternehmen, die Vertretungen der Selbstständigen, aber auch Industrien wie die Bauindustrie, die die Richtlinie als Angriff auf ihre Existenz begreifen.

Kommissar McCreevy hat namens der Kommission im Gespräch mit den EU-Parlamentariern nach anfänglicher bemühter Höflichkeit seine Haltung deutlich gemacht: *keine* Zurücknahme und nur *minimale Änderungen* an der ursprünglichen Intention der Kommission.

Die *britische Präsidentschaft* hat – nicht ungeschickt – die Sitzungen der Ministerratsarbeitsgruppe weiter tagen lassen und in den ersten beiden Oktoberwochen gerade das Herzstück der Richtlinie, das Herkunftslandprinzip, auf die Tagesordnung gesetzt. So werden noch vor der ersten Lesung die Mehrheitsverhältnisse im Ministerrat dazu deutlich.

Hier befanden sich die *Kritiker des Herkunftslandprinzips* in der *Minderheit* – nicht zuletzt deshalb, weil *Deutschlands Delegation* (ohne Weisung der politischen Führung*) schwieg. Schweigen bedeutet im Ministerrat aber Zustimmung* zu den Vorschlägen der Kommission.

Da der *Deutsche Bundestag* noch in seiner letzten Sitzung am 30.6.2005 vor der Auflösung des Parlaments *deutlich seinen Widerstand gegen die Dienstleistungsrichtlinie allgemein* und insbesondere gegen das *Herkunftslandprinzip*, für eine Bewahrung der individuellen und kollektiven Arbeitnehmer-Rechte, gegen eine Aufgabe der öffentlichen Kontrolle und gegen schwerwiegende Eingriffe in die kommunalen und gemeinnützigen Dienste der Daseinsvorsorge in einem ausführlichen und präzisen Beschluss kundgetan hatte, ist dieses Schweigen *nicht* als *Versehen*, sondern nur als ein *schwerwiegendes politisches Versäumnis* oder als ein bewusster Affront der ausgeschiedenen politischen Führung des BMWA gegenüber dem Parlament anzusehen, weil nach dem Zusammenarbeitsgesetz die Bundesregierung die rechtlichen und inhaltlichen Beschlüsse des Bundestages zu beachten hat. Auch im *Koalitionsvertrag* wurde deutliche Kritik am Herkunftslandprinzip angemeldet.

Der *Bundesrat* hatte schon am 2. April 2004 seine schwerwiegenden Bedenken geäußert und vor der Beeinträchtigung des rechtsstaatlichen Prinzips der Rechtssicherheit durch das Herkunftslandprinzip gewarnt.

Es gilt nun, diese Beschlüsse und Erklärungen der höchsten parlamentarischen Institutionen in unserem Lande zu beachten, die Regierung und die große Koalition beim Wort zu nehmen und von der Bundesregierung im Ministerrat eine deutliche Sprache zu verlangen. Dies ist während der österreichischen Präsidentschaft auch möglich, die nicht wie die britische Regierung klare Eigeninteressen mit der Dienstleistungsrichtlinie verfolgt und nicht auf schnelle Verabschiedung in der Zeit ihrer Ratspräsidentschaft drängt. Die kommenden Monate sollten von der Regierung und dem Parlament für eine gründliche Diskussion der absehbaren Konsequenzen der Richtlinie in allen ihren Bereichen und für eine energische Vertretung der deutschen Interessen genutzt werden, wie sie der deutsche Bundestag und der Bundesrat mit ihren Beschlüssen 2004 und 2005 formuliert haben.

Es ist unverständlich, dass die Regierung bisher die deutsche Öffentlichkeit ebenso wenig wie das Parlament umfassend über den Stand der Prognosen und Studien informiert hat, die sie auf Drängen der Ausschüsse des deutschen Bundestages in Auftrag gegeben hat und die mittlerweile mehr als ein halbes Jahr überfällig sind.

Wo bleiben die Informationen:

1. *welche Gesetze und Verordnungen, Verwaltungsabläufe und -anforderungen* geändert bzw. wegfallen werden, ebenso welche öffentlichen bzw. im öffentlichen Auftrag arbeitenden Institutionen geänderte Aufgaben erhalten?
2. *welche Kosten* die von der EU-Kommission verlangten umfänglichen Vorbereitungs- und Umsetzungsarbeiten verursachen werden, wer diese Aufgaben übernehmen und wer Kostenträger sein wird?

3. *welche Folgeabschätzungen* für welche Dienstleistungsbranchen in Auftrag gegeben worden sind, welche Auswirkungen auf die Arbeitsmärkte, insbesondere die Höhe der Beschäftigung, ihre Struktur und Qualität sowie die Arbeitsbedingungen und kollektiven Arbeitnehmerrechte, welche sozialen Auswirkungen sowie welche Auswirkungen auf die kleinen und mittleren Unternehmen sowie die freien Berufe sich absehen lassen und welche Maßnahmen die Bundesregierung im Falle negativer sektoraler und regionaler Konsequenzen sowie für den inländischen Arbeitsmarkt zu ergreifen gedenkt?
4. *Unterstützt die Bundesregierung die grundsätzliche Herausnahme* der Bereiche der kommunalen und gemeinnützigen Daseinsvorsorge (z.B. Gesundheit, Bildung, Wasser, Abwasser, Abfall, öffentlicher Verkehr) sowie der sozialen Dienstleistungen aus der Richtlinie und ihre Regelung in einer eigenständigen Richtlinie. Werden die Kultur und die audiovisuellen Dienstleistungen generell aus der Richtlinie herausgenommen, weil sie keine Gemeinschaftsaufgaben sind und somit prinzipiell nicht von der EU-*Kommission zu regeln sind?*
5. Wird die Bundesregierung das *Herkunftslandprinzip*, so wie es die EU-Kommission und der EU-Binnenmarktausschuss vorgeschlagen haben, ablehnen?
   - Wird sie die *Durchsetzung von Recht und Ordnung* durch die demokratisch legitimierten Institutionen vor Ort verteidigen und den demokratisch nicht zu rechtfertigender Eingriff in die nationale Souveränität und die Rechte der Bürger und Verbraucher verteidigen gegen die Interessen von Dienstleistungsunternehmen in Europa an einer möglichst umfassenden Expansion ihrer Exporte?

     Oder will sie es riskieren, sich erneut vor dem Bundesverfassungsgericht eine nachlässige Vertretung grundlegender Rechte ihrer Bürgerinnen und Bürger sowie der Gleichbehandlung aller Menschen auf deutschem Boden vorhalten zu lassen?

- Wird sie die *nicht hinnehmbare Verlagerung der öffentlichen Kontrolle* von Recht und Gesetz von dem Ort, an dem die Dienstleistung erbracht wird (Marktort, Arbeitsort), an den Firmensitz im Ausland ablehnen?
- Wird sie gegen die Anwendung des Herkunftslandprinzips auf den Bereich des *Arbeits- und Sozialrechts* auch über die Hintertreppe von Leiharbeit und Zeitarbeitskonstruktionen ihr Veto einlegen? Wird sie sicherstellen, dass der gesamte Bereich des Arbeits- und Sozialrechts einschließlich des Tarif- und Arbeitskampfrechts sowie der Arbeitsschutz ebenso wie die Politik der Mitgliedstaaten zur Kontrolle der Einhaltung rechtlicher Bestimmungen auf diesen Gebieten, zur Bekämpfung der Arbeitsmarkt- und Wirtschaftskriminalität vollständig und explizit von der Richtlinie ausgenommen wird? Wird sie ausdrücklich auf die Entsenderichtlinie, die Rom-Konventionen und das einschlägige Gemeinschaftsrecht verweisen?
- Hat die Bundesregierung die *Verfassungsmäßigkeit* der Anwendung des Herkunftslandprinzips durch den zuständigen Minister prüfen lassen?

Der Kommission muss von der Bundesregierung deutlich gemacht werden, dass der bisherige mühsame *Weg der Harmonisierung* unter zunehmender Berücksichtigung der sozialen Dimension Europas die richtige Strategie ist und nicht der Weg eines *Wettlaufs nach unten* und schrittweisen Beerdigung des deutschen Sozialstaats mittels des Brecheisens »Herkunftslandprinzip«.

Es kommt nun darauf an, dass Bundesregierung und die Koalitionsfraktionen, vor allem aber die SPD, schnell und deutlich Flagge zeigen – zu Hause und in Brüssel. Der deutsche Bundestag hat mit einer rot-grünen Mehrheit Mitte 2005 in dieser schicksalhaften Frage zum Erhalt des deutschen Rechtstaates und des deutschen Sozialmodells mit angemessenen Löhnen, Sozial- und Arbeitsbedingungen seine politische Verantwortung wahrgenommen. Nützen wird das wenig, wenn er nicht schnell seine Kontrollaufgabe wahrnimmt und sich in der großen Koalition von der Bürokratie vorführen lässt. Aller Erfahrung nach kann und wird das nur geschehen, wenn die gewählten Volksvertreter ausreichend Unterstützung und Druck durch die deutsche Öffentlichkeit bekommen.

Das Wichtigste steht uns deswegen noch bevor: die Information der Bürgerinnen und Bürger und der vielen tausenden Handwerker, Selbständigen und Unternehmen über das, was durch die EU-Richtlinie auf sie zukommt – in anderen Ländern wie in Frankreich, Belgien und in Schweden und teilweise auch in Österreich sind diese Aufgaben schon gemacht worden. Die Politik in Ministerrat und die Kommission hatten diese Warnsignale bisher weitgehend ignoriert. Negative und bedauerliche Folgen dieser politischen Hybris der Kommission waren das Scheitern der Europäischen Verfassung in Frankreich und den Niederlanden.

In Deutschland ist die Öffentlichkeit bisher bedauerlich wenig informiert und mobilisiert worden. Das war sicher auch eine Folge der vorzeitigen Bundestagswahl und der Konzentration auf deren Ergebnis, die große Koalition. Deswegen ist keine Zeit mehr zu verlieren bei den Bemühungen, Öffentlichkeit zu schaffen, Bündnispartner zu sammeln und der EU-Kommission den Ernst der Lage durch Demonstrationen und öffentliche Aktionen sichtbar zu machen.

Europa wird durch die Richtlinie nicht mehr Arbeitsplätze schaffen, es wird nicht mehr wachsen, noch wird es produktiver und innovativer. Aber es wird im Roulette der EU-Dienstleistungsrichtlinie ein weltweit bewundertes Entwicklungs- und Sozialmodell und das Vertrauen der Bürgerinnen und Bürger in ein Europa verspielen, das nicht nur ein Europa der Konzerne sein darf, sondern auch *unser* Europa werden muss.

Literatur

Vollendung des Binnenmarktes, Weißbuch der Kommission an den Rat vom 28./29.6.1985, KOM(85) 310endg., Rn. 77ff.

Vorschlag für eine Richtlinie des europäischen Parlaments und des Rates über Dienstleistungen im Binnenmarkt vom 25.2.2004, KOM (2004), 2 endg./2

Entwurf eines Berichtes über den Vorschlag der Richtlinie des Europäischen Parlaments und des Rates über Dienstleistungen im Binnenmarkt vom 25.5.2005, PE 355,744v.04-00 sowie die Kompromissänderungsanträge CA1-CA4 und CONS1-CONS23 vom 18.10.2005 PE 364.734v02-00

Vorschlag für eine Richtlinie des Europäischen Parlaments und des Rats über Dienstleistungen im Binnenmarkt, Bundesrat, Beschluss vom 2.4.2004. Drs. 128/04

Beschluss des Bundestages vom 30.6.2005 auf Antrag der Fraktion der SPD und Bündnis 90/Die Grünen, Arbeit schaffen – sozialen Zusammenhalt und wirtschaftliche Dynamik im europäischen Binnenmarkt für Dienstleistungen verbessern. BT. Drs. 15/5832

Report on the Proposal for a directive of the European Parliament and the Council of Services in the internal market. COM(2004)0002-05-0069/2004/0001(OD) 15.12.2005 final, A-6-0409/2005

W. Kluth/Frank Rieger, Die gemeinschaftsrechtlichen Grundlagen und berufsrechtlichen Wirkungen von Herkunftslandprinzip und Bestimmungslandprinzip in: Zeitschrift für Gewerbe und Wirtschaftsverwaltungsrecht, 1. Heft, 52. Jahrgang, 9. Januar 2006

Joachim Bischoff/Frank Deppe

Der »Bolkestein-Hammer«

Die europäische Integration und der Umbau des Sozialstaates

Die europäische Dienstleistungsrichtlinie ist gleichermaßen umstritten wie der Verfassungsvertrag, der in den Volksabstimmungen in Frankreich und den Niederlanden scheiterte. Die Bündelung des gesellschaftlichen Widerstandes in Frankreich und den Niederlanden hat die Akteure für ein neoliberales Europa kurzzeitig in die Defensive getrieben. Aber die Vertagung der Dienstleistungsrichtlinie im Europaparlament und das Nein zum Verfassungsvertrag waren nicht das Ende der gesellschaftspolitischen Auseinandersetzung. Gewerkschaften und globalisierungskritische Organisationen wollen eine grundlegende Korrektur der Dienstleistungsrichtlinie.

Der europäische Binnenmarkt für Dienstleistungen soll – so die Behauptung der Befürworter – neue Arbeitsplätze in großem Umfang bringen; erhalten werden wir im Falle der Verabschiedung eine Ausweitung des Sozialdumpings, der Privatisierung öffentlicher Güter und Dienstleistungen und somit eine Verschlechterung der Lebensqualität für die Mehrheit der Bevölkerung.

Es handelt sich dabei um eine Richtlinie, die im so genannten Mitentscheidungsverfahren (Artikel 251 EG-Vertrag) vom Europäischen Parlament (EP) und dem Rat gemeinsam angenommen werden muss, um Rechtskraft zu erlangen.[1] Der in der Kommission zu dieser Zeit für Binnenmarkt, Steuern und

[1] Die Rechtsakte der EU lassen sich nach zwei Haupttypen unterscheiden: 1. *Verordnungen* gelten direkt für alle Mitgliedstaaten und stehen über dem nationalen Recht; 2. *Richtlinien* definieren die politischen Ziele, die aber durch die Parlamente in nationales Recht umgesetzt werden müssen.

Zollunion zuständige Kommissar Frits Bolkestein,[2] der der neuen »Barroso-Kommission« nicht mehr angehört, gab der Richtlinie ihren Namen. Sie zielt auf die weitere Öffnung und Deregulierung der Märkte der Mitgliedstaaten der EU. Das Prinzip des freien Warenverkehrs gehört zur Kernsubstanz des EU-Binnenmarktes. Schon in der »Einheitlichen Europäischen Akte« von 1986 war das Ziel eines einheitlichen Binnenmarktes festgeschrieben worden, in dem neben der Freiheit des Waren-, des Dienstleistungs- und des Kapitalverkehrs auch die Niederlassungsfreiheit für Unternehmen und Personen gewährleistet ist. Die Angleichung oder Harmonisierung der die Märkte, die Kapitaltransaktion und die Lohnarbeit betreffenden nationalstaatlichen Regulierungen stand von Beginn an auf der Agenda der europäischen Integrationspolitik. Allerdings stockte der Aushandlungsprozess über gemeinsame Standards beträchtlich, und folglich konnte von einer Verschmelzung zu einem einheitlichen ökonomischen Handlungs- und Ausgleichungsraum bis Mitte der 1980er Jahre keine Rede sein. Mit dem Projekt der Schaffung eines europäischen Binnenmarktes und einer Währungs- und Wirtschaftsunion ist dieser Entwicklungsprozess beträchtlich vorangetrieben worden. Zugleich wurde die Verständigung über qualitative Regulierungsstandards durch die neoliberale Deregulierungspraxis ersetzt, das heißt, unterschiedliche nationalstaatliche Regelungen werden wechselseitig anerkannt, und die grenzüberschreitenden Transaktionen sind dann zulässig, wenn die jeweiligen Herkunftslandprinzipien eingehalten werden. Die europäischen Mitgliedstaaten akzeptieren ökonomische Transaktionen, soweit sich die Akteure an die Vorschriften des Herkunftslandes halten. Diese Praxis ist seit Jahrzehnten auch

---

[2] Frederic (Frits) Bolkestein (Jg. 1933) ist Niederländer. Nach Studien in Holland, in den USA und in England war er von 1960 bis 1976 für den Shell-Konzern tätig, zuletzt als Direktor von Shell Chemie, Paris. Bolkestein ist Mitglied der Liberalen Partei (V.V.D.), war deren Abgeordneter (seit 1978), Außenhandelsminister (1982-1986), Verteidigungsminister (1988/89), Fraktionsvorsitzender der VVD (1990-1998) und Präsident der Liberalen Internationale 1996-1999.

durch die Rechtsprechung des Europäischen Gerichtshofes vorangetrieben worden.

Zunächst ist zu fragen, wie sich seit dem Binnenmarktprogramm '92 (»Einheitliche Europäische Akte«, 1985-97) die Dynamik, aber auch der Charakter der europäischen Integration in die Richtung einer Wettbewerbsorientierung, d.h. einer Vorherrschaft neoliberaler Ideologie und Politik, verändert hat und dabei andere Leitbilder europäischer Politik – wie z.B. die Verteidigung und der kontinuierliche Ausbau eines »europäischen Sozialmodells« – an den Rand gedrängt wurden. Die Dienstleistungsrichtlinie steht einerseits in der Kontinuität dieser Politik der grenzüberschreitenden Marktliberalisierung; auf der anderen Seite werden bei vielen Akteuren und Betroffenen Ängste vor einem Ansteigen der Arbeitslosigkeit und weiterem Sozialabbau wach, die auf die absehbaren Konsequenzen, die mit der Verwirklichung der bestimmenden Prinzipien – Niederlassungsfreiheit und Herkunftslandsprinzip – verbunden wären, gerichtet sind.

In diesem Beitrag wird die These vertreten, dass sich die »Dienstleistungsrichtlinie« in eine längere Kette von Deregulierungsschritten einordnet und dass die Sozialsysteme in Europa dadurch immer stärker unter Druck gesetzt worden sind. Zu Recht unterstreichen die ideologischen Wortführer des Neoliberalismus: Die Europäische Union war »der wichtigste Treiber in dem Prozess der Deregulierung. Das Konzept eines einheitlichen Marktes brach den heftigen Widerstand, den Interessengruppen in Deutschland der Liberalisierung entgegensetzten, und die entsprechenden EU-Richtlinien trieben die Deregulierung voran. Dazu gehörten etwa die EU-Richtlinien zum öffentlich-rechtlichen Rundfunk und Fernsehen (1989), zur Telekommunikation 1988, 1990 und 1995) , zum Schienenverkehr (1991 und 1995), zum Postwesen (1997), zur Stromversorgung (1997) und zur Gasversorgung (1998)« (Siebert 2005: 273). All diese Richtlinien haben die Entfesselung der Märkte und die Privatisierung vorangetrieben – mit den entsprechenden negativen Konsequenzen für Arbeitsplätze und die Versorgung mit öffentlichen

Gütern. Die »Bolkestein-Richtlinie« stellt nicht etwas völlig Neues in der Entwicklung der EU dar, sondern bildet gleichsam den Höhepunkt – also: das neoliberale »Sahnehäubchen« – in einem längeren Prozess, der durch Marktliberalisierung, Wettbewerbsorientierung, Privatisierung und Deregulierung gekennzeichnet ist.

1.

Als im Jahre 1958 durch die »Römischen Verträge« die Europäische Wirtschaftsgemeinschaft (EWG) mit sechs Mitgliedstaaten gegründet wurde, bestimmte Artikel 2 als die Aufgabe der Gemeinschaft, »durch die *Errichtung eines gemeinsamen Marktes* und die schrittweise Annäherung der Wirtschaftspolitik der Mitgliedstaaten eine harmonische Entwicklung des Wirtschaftslebens innerhalb der Gemeinschaft, eine beständige und ausgewogene Wirtschaftsausweitung, eine größere Stabilität, eine beschleunigte Hebung der Lebenshaltung und engere Beziehungen zwischen den Staaten zu fördern, die in dieser Gemeinschaft zusammengeschlossen sind« (zitiert nach Brunn 2002: 119). Der gemeinsame Markt sollte durch die Abschaffung der Zollschranken (und anderer so genannter nicht-tarifärer Hindernisse) sowie durch die »vier Freiheiten« (freie Bewegung von Waren, Kapital, Dienstleistungen, Arbeitskräften) verwirklicht werden.

Die Beseitigung der Zölle nahm nur wenige Jahre in Anspruch. Sie beseitigte jedoch nicht das System der Grenzkontrollen, da es nach wie vor zahlreiche Hindernisse für die Realisierung der »vier Freiheiten« gab. Erst in den 1980er Jahren wurde mit dem Binnenmarktprogramm und der »Einheitlichen Europäischen Akte« (einer ersten Veränderung der »Römischen Verträge«) – unter der Führung des französischen Kommissionspräsidenten Jacques Delors[3] – ein neuer Anlauf

[3] Die »Memoiren« von Jacques Delors sind im Jahre 2004 in französischer Sprache (und in einer deutschen Übersetzung erschienen). Darin beschreibt Delors (2004: 213ff.) unter der Überschrift »Le temps de la relance européenne« seine überaus erfolgreichen Versuche, über das Binnenmarktprogramm a) eine breite Koalition der Unterstützer (von Margret Thatcher

unternommen. Die Kommission legte 1985 ein »Weißbuch« vor, das ca. 300 Maßnahmen aufzählte, die bis Ende 1991 durchgeführt werden müssten, um noch bestehende materielle, technische und steuerliche Schranken eines Gemeinsamen Marktes zu beseitigen. »Die ›materiellen‹ oder ›physischen‹ Schranken beziehen sich auf die Grenzkontrollen von Gütern und Personen; die ›steuerlichen‹ stellen auf die unterschiedlichen nationalen Verbrauchs- und Mehrwertsteuerregelungen ab; alles andere wird den ›technischen‹ Hindernissen zugeordnet und umfasst u.a. die technische Harmonisierung, die grenzüberschreitende Vergabe öffentlicher Aufträge, Freizügigkeit für abhängige Erwerbstätige und Selbständige, den freien Dienstleistungs- und Kapitalverkehr, Patent- und Gesellschaftsrecht« (Krägenau 1989: 23).[4] Besonders wichtig war bei diesem Programm, dass für die Durchsetzung der meisten dieser Maßnahmen das Prinzip der Mehrheitsabstimmung im Ministerrat anerkannt wurde, um auf diese Weise die Blockade durch das Einstimmigkeitsprinzip aufzuheben. Die Ausweitung der Mitwirkungsrechte des europäischen Parlamentes hat schließlich zum Art. 251 des Nizza-Vertrages geführt, nach dem derzeit in Bezug auf die »Dienstleistungsrichtlinie« verfahren wird.

Schließlich wurde das Konzept der Binnenmarktpolitik und der Wettbewerbsorientierung auch durch die Rechtsprechung

---

bis zu den britischen Gewerkschaften) sowie b) eine erstaunliche Dynamik im Integrationsprozess selbst anzuschieben, was dann in der Vertragsrevision von Maastricht 1991/93 seinen Ausdruck fand. Die gesamte Entwicklung seit dem Ende der 1980er Jahre stand natürlich im Zeichen der Herausforderung, dass die Europäische Gemeinschaft auf die neuen Realitäten in Europa – das Ende des Systemgegensatzes und die deutsche Einheit – Antworten zu geben hatte.

[4] Die politikwissenschaftliche Forschung hat inzwischen nachgewiesen, dass das »Weißbuch« (1985) auf eine Vorlage des European Round Table of Industrialists (ERT) zurückging. Diese Gruppe, in der sich in Brüssel seit Anfang der 1980er Jahre die Vorstandsvorsitzenden der größten europäischen Konzerne trafen, engagierte sich in erster Linie für das neoliberale Projekt einer markt- und wettbewerbsorientierten Restrukturierung der EG. Das Kommissions-Weißbuch von 1985 wurde durch einen Entwurf des damaligen Vorstandsvorsitzenden von *Philips*, Wisse Dekker, »direkt inspiriert« (van Appeldoorn 2000: 202).

des Europäischen Gerichtshofes (EuGH) unterstützt. Dieser hatte in einem Urteil (»Cassis de Dijon«) schon 1979 entschieden, dass in der Regel ein in einem Mitgliedstaat hergestelltes und auf dem heimischen Markt zugelassenes Produkt EU-weit zugelassen werden muss. Auf diese Weise wurde mit der Anerkennung des »*Herkunftslandsprinzips*« ein neuer »Harmonisierungsansatz« im Gemeinsamen Markt anerkannt. Von dem Ziel, detaillierte Produktionsstandards zu entwickeln, denen in allen Mitgliedstaaten entsprochen werden muss, wurde Abschied genommen. Damit war der Weg frei für eine Politik der EU, die sich auf Rahmenregelungen für das Funktionieren des Marktes und des Wettbewerbs beschränken kann. Die wirtschaftlichen und politischen Akteure müssen sich diesen Regelungen im Wettbewerb anpassen, wobei die angebotsorientierte Schule des ökonomischen Denkens dabei stets davon ausgeht, dass sich im Wettbewerb diejenigen Akteure und Subjekte durchsetzen werden, die über die günstigsten Produktionsbedingungen verfügen (niedrige Lohn- und Sozialkosten, niedrige Steuern und andere staatliche Auflagen, z.B. im Bereich der Arbeitssicherheit, des Gesundheits- und des Umweltschutzes).

Mit der Vertragsrevision von Maastricht wurde Anfang der 1990er Jahre a) von der Verwirklichung des Binnenmarktprogramms ausgegangen (wobei in einigen Bereichen wie z.B. der Steuerpolitik und eben der Dienstleistungsfreiheit noch »Nachholarbeiten« zu leisten waren), und b) der Drei-Stufenplan zur Verwirklichung der Wirtschafts- und Währungsunion etabliert. Die Niederlassungsfreiheit (Art. 43 Nizza-Vertrag) gehört seither ebenso zu den Grundrechten wie die Freiheit, im Gemeinsamen Markt Dienstleistungen zu erbringen. Artikel 49 bestimmt: »Die Beschränkungen des freien Dienstleistungsverkehrs innerhalb der Gemeinschaft für Angehörige der Mitgliedstaaten, die in einem anderen Staat der Gemeinschaft als demjenigen des Leistungsempfängers ansässig sind, sind (nach Maßgabe der folgenden Bestimmungen) verboten«. Im Artikel 50 erfolgt dann eine Definition von Dienstleistungen, die ebenfalls der neuen Richtlinie zugrunde gelegt wurde: »Dienstleistungen im Sinne dieses Vertrages sind Leistungen, die in der Regel gegen Entgelt erbracht werden, soweit sie nicht den Vorschriften über den freien Waren- und Kapitalverkehr und über die Freizügigkeit der Personen unterliegen. Als Dienstleistungen gelten insbesondere: a) gewerbliche Tätigkeiten; b) kaufmännische Tätigkeiten; c) handwerkliche Tätigkeiten, d) freiberufliche Tätigkeiten«. Schließlich noch Artikel 51, Absatz 2: »Die Liberalisierung der mit dem Kapitalverkehr verbundenen Dienstleistungen der Banken und Versicherungen wird im Einklang mit der Liberalisierung des Kapitalverkehrs durchgeführt.«

2.

Das Binnenmarkt-Projekt der Wirtschafts- und Währungsunion (WWU) wurde von Befürwortern wie kritischen Analysten als ein gewaltiges »Deregulierungsprojekt« bezeichnet. Der intensivierte grenzüberschreitende Wettbewerb, die »Economies-of-Scale«-Effekte durch Fusionen zwischen europäischen Konzernen, sollten – so die herrschende Ideologie – für mehr Wachstum und Beschäftigung, für Kostenreduzierung im grenzüberschreitenden Waren- und Kapitalverkehr, schließlich auch für die Verbesserung der Wettbewerbsposition des »Eurokapitalismus« in der globalen Konkurrenz – vor allem gegenüber Japan und den USA – sorgen. Das Projekt der Währungsunion, das innerhalb von zehn Jahren mit der Einrichtung der Europäischen Zentralbank und des Euro realisiert wurde, baute auf den Erfolg des Binnenmarktes – und die schon vorher auf der nationalen Ebene praktizierte »Austeritätspolitik«, die im Wesentlichen auf die Eindämmung der Inflation gerichtet war – auf. Die im Rahmen des Binnenmarktes vollzogene Kapitalmarktliberalisierung drängte – auch um spekulative Attacken gegen einzelne, nationale Währungen einzuschränken – auf die Einführung der gemeinsamen Währung, die zudem mittel- und langfristig – mit dem Blick auf die globalen Finanzmärkte – als eine Anlagewährung konzipiert wurde, die dem US-Dollar ernsthafte Konkurrenz machen könnte. Die so genannten Konvergenzkriterien verpflichteten die nationalen Regierungen und Zentralbanken auf den Kampf gegen die Inflation und gegen die Staatsverschuldung. Zum anderen geraten mit der Einführung des Euro, d.h. nach dem Wegfall der Wechselkurse, die nationalen Lohn- und Tarifbeziehungen unter einen strukturellen Anpassungsdruck; denn nunmehr werden die Lohnkosten (genauer: die Lohnstückkosten) zum zentralen Parameter für die Wettbewerbsfähigkeit der Unternehmen im Gemeinsamen Markt. Der Vorstoß der französischen Regierung, die Währungsunion mit einer makroökonomischen Koordination sowie mit einer wachstums- und beschäftigungsfördernden Fiskal- und Geldpolitik auf der europäische Ebene zu verbinden (Hein u.a. 2004), scheiterte (bis 1998) am Widerstand vor allem der deutschen Regierung unter Helmut Kohl und Finanzminister Theo Waigel, die auch im eigenen Lande längst die Weichen in Richtung einer Steigerung der Wettbewerbsfähigkeit durch Kostenreduktion und Sozialabbau gestellt hatten. Die Akzeptanz der europäischen Währungsunion, die auch in der Bundesrepublik z.T. auf scharfe Kritik im konservativ-liberalen Lager stieß, wurde damit begründet, dass die deutsche Exportwirtschaft, die 70% ihrer Ausfuhren in den Ländern der EU absetzt, vom Binnenmarkt wie der Währungsunion nur profitieren könne.

Die Richtung der neoliberalen Deregulierungspolitik wurde auch in den Schwerpunktprojekten der EU in den späten 1990er Jahren nicht aufgegeben. Sowohl die Maßnahmen im Bereich der Schaffung eines integrierten Finanzmarktes (Bieling 2004: 141ff.) als auch die Osterweiterung haben den seit dem Binnenmarktprojekt eingeschlagenen Kurs einer wettbewerbsorientierten Restrukturierung der europäischen Integration noch verstärkt. Die Finanzmarktintegration soll nicht nur – nach der Einführung des Euro – Voraussetzungen für die Entwicklung zu einem europäischen Finanzmarkt schaffen, der mittel- und langfristig dem »Dollar-Wall-Street-Regime« (Peter Gowan) als ernsthafter Konkurrent und Herausforderer entgegentreten könnte. Zugleich werden auf diese Weise Elemente des Shareholder-Kapitalismus-Modells gestärkt: Darin werden einerseits die institutionellen Anleger als europäische Akteure gefördert; andererseits soll auf diese Weise die Vormachtstellung der Aktionäre und der Aktienkurs als der entscheidende Parameter für den Erfolg der Unternehmenspolitik abgesichert werden. Die Osterweiterung wiederum bedeutet eine beträchtliche – räumliche und wirtschaftliche – Ausweitung des Gemeinsamen Marktes. Da die EU keine zusätzlichen Mittel zum Ausgleich der enormen Unterschiede in der Entwicklung der wirtschaftlichen Leistungskraft, der Produktivität, der Einkommensverhältnisse und des Lebensstandards sowie der Entwicklung der Sozialstandards zur Verfügung stellt, also vor allem auf die Wirkungen der Marktintegration setzt, ist mit einer enormen Verstärkung der Kapitalmobilität und des Wettbewerbsdrucks – vor allem im Bereich der Arbeitsmarktentwicklung und der Konkurrenz der Sozialstandards – zu rechnen (Karras u.a. 2004: 45ff.).

3.

Im Vorwort zum »Cecchini-Bericht«, der die Vorteile des Binnenmarktes begründen sollte,[5] schrieb Kommissionspräsident Jacques Delors u.a.: »Der gemeinsame Binnenmarkt hätte keinen Sinn, wenn er zu einem sozialen Fortschritt mit umgekehrten Vorzeichen führen und einen Wettbewerb zwischen Europäern auslösen würde, der die fundamentalen Rechte der Arbeitnehmer in Frage stellt... Die Bedingungen für Arbeit, Ausbildung und Meinungsäußerung der Arbeitnehmer im Betrieb müssen daher im Wege der Konzentration wie auch

[5] Dieser Bericht versprach als Folge des »Abbaus von Grenzschranken, Öffnung der Beschaffungsmärkte, Liberalisierung der Finanzdienste sowie des ›Angebotsschocks‹ für die Unternehmen« u.a. die folgenden »makroökonomischen Auswirkungen«: deutliche Zunahme der Wirtschaftstätigkeit mit einer BIP-Steigerung in einer Größenordnung von 4,5%; Dämpfung der Inflationskräfte um durchschnittlich 6,1%;Entlastung der öffentlichen Haushalte in Höhe von 2,2% des BIP; ... Schaffung von 1,8 Millionen neuen Arbeitsplätzen. Das würde zwar das Ausmaß der Beschäftigungskrise nur geringfügig lindern. Immerhin ist jedoch von einem Rückgang der Erwerbslosenquote um ungefähr 1,5% auszugehen« (Cecchini 1988: 130/31).

der Gesetzgebung einander genähert werden« (Cecchini 1988: 10/11). Mit solchen Versprechen gelang es ihm, einen breiten Rückhalt bei den Gewerkschaften des Europäischen Gewerkschaftsbunds (EGB) für das Binnenmarktprojekt zu gewinnen. Die Belebung des »sozialen Dialogs«, die Verabschiedung der Charta der sozialen Rechte der Arbeitnehmer, das Sozialprotokoll des Maastricht-Vertrages und die auf seiner Grundlage verabschiedeten Richtlinien über »Euro-Betriebsräte« sowie über Elternurlaub galten vielen als Beweis für die Herausbildung einer europäischen Dimension der Sozialpolitik sowie für eine Stärkung der Beteiligung der Gewerkschaften im politischen System der EU (Martin/Ross 1999: 368ff.). Nicht wenige hofften, dass die gleichzeitig erfahrene Schwächung der Gewerkschaften auf der nationalen Ebene nunmehr durch eine Art »Euro-Korporatismus« kompensiert werde. Vor allem der DGB und seine Einzelgewerkschaften hatten seit den frühen 1990er Jahren viel Engagement und materielle Ressourcen in die »neue Europolitik« investiert.

Bald wurde jedoch über die »sozialpolitische Gestaltungslücke« diskutiert (Falkner 2003: 491): »Während die EG in vielen relevanten Bereichen nicht handlungsbefugt und/oder nicht politisch entscheidungsfähig war, standen die Mitgliedstaaten infolge offener Wirtschaftsgrenzen im verschärften ökonomischen Wettbewerb und konnten überdies eine Reihe von Instrumenten aufgrund des EG-Wettbewerbsrechtes nicht mehr zum Einsatz bringen. Damit bestand die Gefahr, dass sie dem Kostendruckargument nachgeben und Sozialabbau betreiben würden, um ihre Marktposition zu verbessern.« Kritische Beobachter warnten vor der Illusion, dass der Abbau des Nationalstaates auf der nationalen Ebene durch den Aufbau eines europäischen Wohlfahrtsstaates gleichsam kompensiert werden könne. Der Umbau des Staates vom »nationalen keynesianischen Wohlfahrtsstaat« zum »Wettbewerbsstaat« wird durch die Realisierung der großen Integrationsprojekte – also durch eine fortschreitende »Europäisierung« auch der nationalen Sozialpolitik – seit den 1980er Jahren noch beschleunigt (Deppe u.a. 2003). Die Öffnung der Märkte und die Förderung des Wettbewerbs im Gemeinsamen Markt wirkt auf die Ebene der Nationalstaaten zurück: Der Druck zur Anpassung der Formen der sozialpolitischen Regulation (von den Flächentarifverträgen über die Mitbestimmungsregelungen bis zu den Sozialsystemen im engeren Sinne) nimmt enorm zu, wird aber auch durch die hohen Arbeitslosenzahlen und die stagnative Grundtendenz des Wirtschaftswachstums verstärkt. Das Auseinanderfallen von Marktintegration und Sozialintegration ist eben nicht nur dem »mangelnden Willen in der Politik« geschuldet, sondern systematisch mit der Durchsetzung einer »neuen wettbewerbsstaatlichen Integrationsweise« verbunden. »Die zentrale Funktion der europäischen Integration besteht nun nicht mehr darin, die nationalen Entwicklungsmodelle zu stabilisieren, sondern deren markt- und wettbewerbsorientierte Reorganisation zu fördern und voranzutreiben« (Bieling 2004: 129).

Die Durchsetzung der neoliberalen Hegemonie in der Europäischen Union seit der einheitlichen Europäischen Akte (1987) und dem Binnenmarktprogramm (Cafruny/Ryner 2003) konzentrierte sich zunächst auf die Freisetzung der Marktprozesse und die Anerkennung der Wettbewerbsfähigkeit als oberste Ziele. Mit dem Erfolg dieser Politik verändern sich die Methoden und Verfahren: von der Intervention zur Rahmensteuerung, von distributiver zu regulativer Politik. Diese »Schwerpunktverlagerung von der arbeits- und sozialpolitischen Regulierung zur Koordination« war – vor allem am Ende der 1990er Jahre (als nahezu alle Regierungen der EU-Mitgliedstaaten von Mitte-Links-Koalitionen geführt wurden, vgl. Dräger 2003) – darauf gerichtet, »die widerstreitenden Ziele von Marktliberalisierung, Innovationsförderung und sozialer Kohäsion aufeinander abzustimmen« (Bieling 2004: 144). Dabei setzten sich Leitbilder einer neuen »Wohlfahrtsarchitektur« bzw. einer »neuen Sozialstaatskultur« durch – vor allem bei denjenigen sozialdemokratischen und sozialistischen Parteien in Europa, die sich programmatisch vom Modell des nationalen, keynesianischen Wohlfahrtsstaates verabschiedeten (an der Spitze New Labour und die Programmatik des von

Tony Blair und Anthony Giddens vertretenen »Dritten Weges«, vgl. Giddens 2005). Diese Neuorientierung beinhaltete die Abkehr von einer Politik der Vollbeschäftigung und von der Umverteilung zu Gunsten eines entwickelten – solidarisch finanzierten und universalistisch ausgerichteten – Wohlfahrtsstaates.[6] Die Prinzipien »Aktivierung und eigene Verantwortung« sollen die »Schlüsselkategorien einer neuen Sozialpolitik« sein, die auf eine »Neudefinition des Verhältnisses zwischen leistungserbringendem Staat bzw. Gesellschaft und dem risikogefährdeten Leistungsempfänger« zielt (Urban 2004: 468). Diese Transformation wird in Großbritannien mit dem Schlagwort »From Welfare to Workfare« propagiert.

4.

Auf dem Terrain der Dienstleistungen galten bislang noch erhebliche Ausnahmen vom Prinzip des freien Binnenmarktes. Kommissar Bolkestein, der das Herkunftslandprinzip auf die Dienstleistungen ausweiten wollte, hatte zwar in der Richtlinie eine Reihe von Ausnahmen fixiert,[7] um die absehbaren gesellschaftlichen Widerstände überwinden zu können. Gleichwohl hatte dieser Entwurf in europäischen Parlament wie bei den Gewerkschaften der Mitgliedsstaaten erhebliche Unruhe und Protest ausgelöst. Unter dem Druck des Referendums zur EU-Verfassung setzte der französische Präsident Chirac, unterstützt durch die rot-grüne deutsche Bundesregierung, eine Überprüfung dieser Richtlinie durch. Der europäische Rat beschloss auf seiner Frühjahrstagung im März 2005, dass diese Richtlinie nicht zurückgezogen, aber im weiteren Gesetzgebungsverfahren überarbeitet wird. In den Ausschussberatungen des Parlaments konnte freilich keine

[6] Diese Begrifflichkeit wurde von Gösta Esping-Anderson (1990) zur Charakterisierung des Modells des »sozialdemokratischen Wohlfahrtsstaates« entwickelt. Während die politische Linke und die Gewerkschaften in Skandinavien – trotz der Umbaumaßnahmen der vergangenen Jahre – an der Grundstruktur des »skandinavischen Modells« festhalten, hat Esping-Anderson inzwischen seine Position grundlegend zugunsten einer Politik des »Dritten Weges« verändert (Lessenich 2004).

[7] Siehe dazu den Beitrag von Sigrid Skarpelis-Sperk in diesem Band.

substanziellen Änderungen durchgesetzt werden. Die Bereiche der Dienstleistungen, die künftig einer europäischen Marktordnung unterworfen werden sollen, sind nicht eingeschränkt worden. Gleichermaßen wird am Herkunftslandprinzip festgehalten und die bisherigen Sozialstandards und Regulierungen können unterlaufen werden. Faktisch bleibt es bei der ursprünglichen Konzeption, für die nationalen Dienstleistungsbereiche eine neoliberale Marktordnung durchzusetzen.

Auch das Verfahren hat System. Auf die beträchtlich angewachsene Kritik am europäischen Integrationsprozess regieren die nationalen Regierungen und die europäischen Kommission zunächst flexibel, um nach einiger Zeit den ursprünglichen Kurs wieder aufzunehmen. Nach einer erfolgreichen Verabschiedung der Dienstleistungsrichtlinie würde mit Sicherheit das in den Referenden in Frankreich und den Niederlanden gescheiterte Projekt eines Verfassungsvertrages wieder aufgenommen.

Aktuelle demoskopische Umfragen belegen eine wachsende Distanz bei der großen Mehrheit der nationalen Wahlbevölkerungen. Das überrascht nicht: Europa ist in den letzten Jahren stärker als zuvor zu einem Projekt der neoliberal gesinnten Eliten geworden. Die Prozesse der Erweiterung (Mittelosteuropäische Staaten) und der Vertiefung (Lissabon Prozess, Dienstleistungsrichtlinie, Verfassung) haben nicht zu einer Überbrückung der Kluft zwischen der Bevölkerung und den europäischen Institutionen geführt. Die von verschiedenen sozialen Bewegungen und dem Europäischen Gewerkschaftsbund organisierte Demonstration am 19. März 2005 in Brüssel und die Auseinandersetzungen über den Ausgang des Referendums zur EU-Verfassung in Frankreich unterstreichen dies eindrucksvoll.

Europa ist unter neoliberaler Führung in eine Integrationskrise manövriert worden. Und die Kommission hat in ihren Arbeitspapieren zur Frühjahrstagung des Europäischen Rates signalisiert, dass sie eine schwierige Konstellation für den Integrationsprozess sieht, was aber neben der Dienstleistungsrichtlinie mit dem Entwurf der Europäischen Verfassung und der seit dem Jahr 2000 verfolgten Lissabon-Strategie zu tun hat. Was mit der Einheitlichen Europäischen Akte anfing, hat sich seither zu einer strikten neoliberalen Ausrichtung verdichtet, und gegen diese Politik gibt es gravierende Einwände und sozialen Protest.

Es ist bemerkenswert, dass in einem offiziellen Dokument der Kommission klar ausgesprochen wird, dass die Lissabon-Strategie nie die breite Mehrheit der Bevölkerung in Europa erreicht hat, dass damit keine Überzeugung vorliegt, mit den so genannten Reformen der Sicherungssysteme und der Deregulierung eine Verbesserung der Arbeits- und Lebensverhältnisse zu erreichen und dass dennoch an dieser Strategie festgehalten wird: »Einerseits hat es die Lissabon-Strategie geschafft, die Aufmerksamkeit auf die wichtigen ökonomischen, sozialen und umweltbezogenen Herausforderungen zu lenken, vor denen die Europäische Union steht. Und sie hat deutlich aufgezeigt, inwieweit Bedarf an Strukturreformen besteht. Entwickelt hat sich dabei eine politische Dynamik, die bestimmten Strukturreformen zugute kommt. Andererseits tangiert die Lissabon-Strategie sensible Bereiche nationaler Zuständigkeiten, und mitunter wird sie als Auslöser unpopulärer Reformen empfunden, etwa in der Rentenfrage und der Gesundheitsfürsorge, im Arbeitsrecht, bei der Anhebung des Rentenalters oder in Sachen Wettbewerb der netzgebundenen Wirtschaftszweige bzw. Entindustrialisierung. Auch ist es – abgesehen von den ersten Frühjahrstagungen des Rates – der Lissabon-Agenda niemals gelungen, ins Bewusstsein der breiten Masse vorzudringen; vielmehr wird Lissabon als ›Business-Agenda‹ eingestuft, gleichzeitig aber an erster Stelle ausgerechnet von Seiten der Wirtschaft kritisiert. Es fehlt an greifbaren Ergebnissen und einer klaren politischen Botschaft. In diesem Zusammenhang betrachtet ist es ein äußerst schwieriges Unterfangen, den Bürgern klar zu machen, inwiefern die anstehenden Reformen wichtig sind für die Erhaltung bzw. Verbesserung ihres Lebensstandards.« (SEK 2005: 160)

5.

Der europäische Integrationsprozess steckt offenkundig in einer Sackgasse. Über die Deregulierung von Märkten, Entstaatlichung durch Abbau von Steuern und sozialen Sicherungssystemen sowie eine unterhalb der Produktivität liegende Lohnentwicklung sollte das Wirtschaftswachstum erhöht, zusätzliche Investitionen mobilisiert und Innovationen vorangetrieben werden. Bereits Ende 2004 stellte eine hochrangige Kommission unter dem ehemaligen niederländischen Ministerpräsidenten Wim Kok fest, dass diese Strategie – ebenso wie der Stabilitäts- und Wachstumspakt – gescheitert ist. (Kok 2004)

Doch Scheitern heißt für die Staats- und Regierungschefs des Europäischen Rates nicht Korrektur einer falschen Politik. Auf ihrer Frühjahrstagung 2005 beschlossen sie, dem Projekt mit der gleichen Medizin neuen Schwung zu verleihen: durch verbesserte Koordination und striktere Konzentration auf die Flexibilisierung der Arbeitsmärkte und die schrittweise Privatisierung von Leistungen der Renten- und Gesundheitssysteme. Verkauft wird diese Politik unter der Parole: »Jobs, Jobs, Jobs«, wobei EU-Kommissionspräsident Manuel Barroso keinen Zweifel daran lässt, dass dies in der Perspektive heißt: Beseitigung aller (sozial-)staatlichen Interventionen in die Kapital- und Warenmärkte. Im Arbeitspapier der Kommission wird das Kernproblem der Legitimitätsprobleme der EU zutreffend eingegrenzt: »Die Bürger begegnen zunehmend Reformen mit Misstrauen, die größere Flexibilität einfordern, dabei aber kein signifikantes Beschäftigungswachstum und keine sichtbare Verbesserung der Arbeitsplatzqualität mit sich bringen. Ein Wirtschaftsaufschwung käme der Realisierung der in Lissabon beschlossenen Ziele gewiss zugute und würde Befürchtungen in der Öffentlichkeit beschwichtigen. Was Not tut, ist vor allem eine mit größerem Nachdruck betriebene Modernisierung der Arbeitsmärkte und der Sozialschutzsysteme.«

Die Korrekturen an der Lissabon-Strategie betreffen die Reform des europäischen Stabilitäts- und Wachstumspaktes und den Binnenmarkt für Dienstleistungen. Die übergreifende Konzeption besteht nach wie vor darin, die EU zur führenden Wirtschaftsmacht zu entwickeln. Entscheidender noch als die Frage nach der Führungsrolle ist für die Kommission die Beschleunigung des Wirtschaftswachstums, und als einzigen Weg, dieses Ziel zu erreichen – entgegen allen bisherigen praktischen Erfahrungen und politisch-theoretischen Einwänden – propagiert die Kommission die »Modernisierung« der Arbeitsmärkte und Sozialsysteme. Logischerweise kann man daher auf eine Politik der Deregulierung der nationalstaatlichen Dienstleistungsmärkte nicht verzichten, weil dies im Denken der wirtschaftlichen und politischen Elite angesichts der europäischen Integration der Warenmärkte der zentrale Hebel zur Erhöhung der Konkurrenzfähigkeit ist. Paradoxerweise soll also die Dienstleistungsrichtlinie so modifiziert werden, dass die damit verbundenen Ängste von einem Großteil der Bevölkerungen und der gewerkschaftlichen und anderen Interessenorganisationen entfallen und womöglich mit der anspringenden Konjunktur endlich ein Wachstum der Arbeitsplätze einsetzt. Zudem wurde auf der Frühjahrsberatung festgehalten: Zur Förderung von Wachstum und Beschäftigung und zur Stärkung der Wettbewerbsfähigkeit müsse der Binnenmarkt für Dienstleistungen in vollem Umfang funktionieren, wobei zugleich das europäische Sozialmodell zu wahren sei. Die Erneuerung der Lissabon-Strategie gleicht einer politischen Quadratur des Kreises, wobei der Stabilitätspakt und die Dienstleistungsrichtlinie die entscheidenden Parameter sind.

6.

Der Stabilitäts- und Wachstumspakt war in eine tiefe Krise geraten, nachdem Ende 2003 die Europäische Kommission und der EU-Finanzministerrat (Ecofin) gegen Deutschland und Frankreich ein Defizitverfahren eingeleitet hatten. Die Referenzwerte des Paktes sehen vor, dass die Mitgliedstaaten bei der jährlichen Neuverschuldung unter 3% des Bruttoinlandsprodukts bleiben müssen und dass die Schuldenquote 60%

des BIP nicht überschreiten soll. Leiten die defizitären Staaten keine ausreichenden Maßnahmen zur Anpassung an diese Referenzwerte ein, muss ein Sanktionsprozess in Gang gesetzt werden.

Die vom Ecofin am 20. März beschlossenen Korrekturen sind mitnichten eine Lizenz zum Schuldenmachen. Es sind einige Lockerungen eingebaut worden; geringfügige temporäre Überschreitungen der 3%-Klausel sind bei Stagnation oder rückläufigem Wirtschaftswachstum zulässig, es werden beim Prüfverfahren mehr Faktoren wie nachhaltige »Sozialreformen«, finanzielle Leistungen im Rahmen »internationaler Solidarität« und Nettotransfers in die EU berücksichtigt; ferner gibt es auf drei Jahre gestreckte Anpassungsfristen.

Das Gezeter der Gralshüter des Pakts, allen voran der EZB und der Deutschen Bundesbank, hat sich schnell gelegt. Die Mitgliedstaaten haben sich darauf verständigt, den Druck, der durch den Zwang zum Defizitabbau in Zeiten längerer Stagnation gegeben war, etwas zu minimieren. Das DIW hatte die negativen Nachfragewirkungen des Pakts in der Vergangenheit mit Wachstumsverlusten von 0,5% und mehr des BIP beziffert. So ist die Hürde bei einer politischen Intervention gegen Rezession und Stagnation etwas abgesenkt worden, indem die europäische Finanzpolitik nicht mehr als Bremse für das Wachstum agiert.

Ein Ende restriktiver Haushaltspolitik ist damit beileibe noch nicht angezeigt. So soll das Defizit in der Euro-Zone weiter sinken. Der Unterschied zur US-Finanzpolitik ist krass. Während die US-Notenbank nach dem Ende des New Economy Booms zunächst eine massive Politik des billigen Geldkapitals verfolgt hat, unterstützt durch chronische Haushaltsdefizite der Administration Bush jun., hat die europäische Zentralbank jedwede Lockerung der Zinspolitik verweigert. Zu Recht weist JP Morgan auf die fortbestehenden transatlantischen Unterschiede hin. Die Europäer haben anders als die Vereinigten Staaten trotz der Wachstumsschwäche ihre Fiskalpolitik nicht gelockert. Erst nachdem in den USA wiederum Phänomene eines irrationalen Überschwanges – diesmal auf den Immobilienmärkten –sichtbar wurden und die US-Notenbank die Zinssätze stufenweise nach oben geschraubt hat, hat sich die EZB einer restriktiven Zinspolitik angeschlossen. In ökonomischer Hinsicht ist die Währungsunion weder als Stabilitätsgemeinschaft ausgehebelt noch zu einer »Schuldenunion« transformiert worden.

7.

Von der »Liberalisierung« des EU-weiten Marktes für Dienstleistungen hatten sich die EU-Experten eine jährliche Beschleunigung des Wirtschaftswachstums um 0,6% und netto 600.000 Arbeitsplätze zusätzlich versprochen.

Globalisierungskritiker und Gewerkschaften haben zu Recht auf die Gefahr des Lohn- und Sozialdumpings durch billige Angebote sowie das Unterlaufen von Qualitätsstandards hingewiesen.

Die Richtlinie zur Entwicklung eines EU-Binnenmarktes auf dem Gebiet von Dienstleistungen (damit auch Teilen des öffentlichen Sektors) soll so geändert werden, dass der Vorrang der nationalstaatlichen Regelungen garantiert bleibt. Doch so viel ist gewiss: Mit dieser Strategie wird die Stärkung des EU-Finanzregimes befördert. Allein die schrittweise Privatisierung der öffentlichen Rentensysteme schafft auf Jahre lukrative Anlageoptionen für das Finanzkapital. Nur: Mit dieser Politik werden keine produktiven Investitionen befördert. Die Abschwächung des Wirtschaftswachstums wird sich verfestigen, die Arbeitslosigkeit hoch bleiben und dies wird zusammen mit wachsender sozialer Unsicherheit das Misstrauen in die europäische Politik weiter entfachen.

Es reicht bei weitem nicht aus, wenn sich Kommission und Rat angesichts wachsenden politischen Gegenwinds zu geringfügigen Korrekturen an einer offenkundig als Fehlsteuerung erwiesenen neoliberalen Strategie durchringen. Die Ausweitung der europäischen Binnenmarktordnung auf die Dienstleistungsbereiche wird nicht die in Aussicht gestellte Ausweitung der Arbeitsplätze bringen; im Gegenteil, sollte die Dienstleistungsrichtlinie Rechtskraft erlangen, ist mit einem Prozess des Sozial- und Lohndumpings zu rechnen. Auf mittlere Sicht greift die reaktive Politik gegen die Lissabon-Strategie allerdings zu kurz. In den Mitgliedstaaten der EU muss für eine Reform der sozialen Sicherungssysteme auf Grundlage des solidarischen Umlagesystems in Kombination mit steuerfinanzierten Anteilen geworben werden. Auf dieser Grundlage kann versucht werden, eine Harmonisierung und Reformierung der Sozialsysteme mit dem Ziel einer Weiterentwicklung und Erneuerung des europäischen Sozialmodells durchzusetzen. Auch der Deregulierungspolitik auf den Arbeitsmärkten muss eine europäische Alternative entgegengestellt werden. Nicht Wettbewerbsfähigkeit muss das Schlüsselwort lauten, sondern regulierte Kapital- und Warenmärkte, gesellschaftliche Kontrolle und Steuerung der Investitionen, Demokratisierung aller gesellschaftlichen Bereiche. Europa befindet sich an einem Scheideweg.

Wir wollen die reformpolitische Weiterentwicklung des Europäischen Sozialmodells. Am alten europäischen Sozialmodell sollte dieses Reformprojekt anknüpfen, indem es die sozialstaatliche Tradition der europäischen Staaten hochhält. Die zentralen Zielmarken dieses Modells lauten daher:

- ein modernes System von Vollbeschäftigung mit sozial geschützter, gesellschaftlich sinnvoller und mitbestimmter Erwerbsarbeit;
- ein darauf abgestimmtes System sozialer Sicherheit, das gerecht finanziert wird und sich in seinen Leistungen an den Bedarfen der Erwerbsarbeit sowie des Familienlebens orientiert;
- eine gerechte Verteilung der wirtschaftlichen Wertschöpfung zwischen Kapital und Arbeit, den Generationen und den Geschlechtern;
- und nicht zuletzt ein ökologisch nachhaltiges Modell wirtschaftlichen Wachstums.

Zweitens unterstellt ein neues Sozialmodell neben nationalstaatlichen Veränderungen auch Reformen auf europäischer Ebene. Wir treten daher für eine Harmonisierung der im nationalstaatlichen Rahmen entwickelten sozial-ökologischen alternativen Entwicklungsansätze ein. Die wesentlichen Strukturreformen sind in Auseinandersetzung mit den neoliberalen Politikansätzen in den gesellschaftlichen Debatten und Auseinandersetzungen präsent:

- eine ökologisch und sozial nachhaltige Wachstums- und Beschäftigungspolitik;
- eine koordinierte und mit europaweiten Leitsätzen ausgestattete Tarifpolitik;
- eine moderne Unternehmensverfassung mit verbindlichen Mitbestimmungs- und Beteiligungsrechten;
- eine gesicherte Bereitstellung öffentlicher Güter für alle;
- Regeln gegen Steuer- und Sozialdumping und für akzeptable soziale Mindeststandards;
- eine moderne Struktur- und Industriepolitik zur gezielten Entwicklung vernachlässigter Regionen und moderner Industrien.

Literatur

van Appeldoorn, Bastian (2000), Transnationale Klassen und europäisches Regieren: Der European Round Table of Industrialists, in: Bieling, Hans-Jürgen/Steinhilber, Jochen (Hrsg.), Die Konfiguration Europas. Dimensionen einer kritischen Integrationstheorie, Münster, S. 189-221.

Bieling, Hans-Jürgen (2004), Europäische Integration: Determinanten und Handlungsmöglichkeiten, in: Beerhorst, Joachim u.a. (Hrsg.), Kritische Theorie und gesellschaftlicher Strukturwandel, Frankfurt/Main, S. 128-152.

Brunn, Gerhard (2002), Die Europäische Einigung von 1945 bis heute, Stuttgart.

Cafruny, Alan W./Ryner, Markus (2003) (Eds.), A Ruined Fortress. Neoliberal Hegemony and Transformation in Europe, Lanham/Maryland and Oxford.

Cecchini, Paolo (1988): Europa '92: Der Vorteil des Binnenmarktes. Baden-Baden.

Delors, Jacques (2004), Mémoires, Paris (deutsch: Erinnerungen eines Europäers. Berlin 2004).

Deppe, Frank/Felder, Michael/Tidow, Stefan (2003), Structuring the State – The Case of European Employment Policy, in: Kohler-Koch, Beate (Ed.), Linking EU and National Government, Oxford, pp. 175-00.

Dräger, Klaus (2003), Eine Heilige Allianz der Modernisierer. Die EU nach dem Scheitern des Mitte-Links-Projektes, in: Beckmann, Martin/Bieling, Hans-Jürgen/Deppe, Frank (2003) (Hrsg.), »Eurokapitalismus« und globale politische Ökonomie, Hamburg, S. 196-219.

Esping-Anderson, Gösta (1990), The Three Worlds of Welfare Capitalism, Princeton, New Jersey.

Falkner, Gerda (2003), Zwischen Gestaltungslücke und integrativen Kooperationseffekten: Wohlfahrtsstaat und Integration aus Sicht des historischen Institutionalismus, in: Jachtenfuchs, Markus/Kohler-Koch, Beate (Hrsg.), Europäische Integration, 2. Auflage, Opladen, S. 479-511.

Giddens, Anthony (2005), Durchwachsene Bilanz, Interview mit A. Giddens, in: Die Mitbestimmung, 3/2005, S. 48ff.

Hein, Eckhard/Niechoj, Torsten/Schulten, Thorsten/Truger, Achim (Hrsg.) (2004): Europas Wirtschaft gestalten. Makroökonomische Koordinierung und die Rolle der Gewerkschaften, Hamburg.

Kok, Wim u.a. (2004), Die Herausforderung annehmen, Brüssel

KOM (2004), Vorschlag für eine Richtlinie des europäischen Parlaments und des Rates über Dienstleistungen im Binnenmarkt, SEK (2004) 21, Brüssel, 22.5.2004.

Karrass, Anne u.a. (2004), Europa: lieber sozial als neoliberal, AttacBasisTexte 11, Hamburg.

Krägenau, Harry (1989), Binnenmarktstrategie – vom Weißbuch bis heute, in: Mayer, Otto G. u.a. (Hrsg.), Der Europäische Binnenmarkt, Hamburg, S. 15f.

Lessenich, Stefan (2004), Ökonomismus zum Wohlfühlen. Gösta Esping-Anderson und die neue Architektur des Sozialstaates, in: Prokla 136 (2004), S. 469-476.

Martin, Andrew/Ross, George (1999), Eds., The Brave New World of European Labor. European Trade Unions at the Millennium, New York/Oxford.

SEK (2005) 160, Arbeitspapier der Kommission

Siebert, HORST (2005), Jenseits des sozialen Marktes, Stuttgart

Urban, Hans-Jürgen (2004), Eigenverantwortung und Aktivierung. Stützpfeiler einer neuen Wohlfahrtsarchitektur, in: WSI-Mitteilungen, 9/2004, S. 467-473.

Stephan Lindner

Arbeitnehmer-, Umwelt- und Verbraucherschutz sind in Gefahr

Dienstleistungsrichtlinie und Dienstleistungsfreiheit

Der immer noch auf dem Tisch liegende EU-Verfassungsvertrag formuliert in Art. I-3 direkter noch als der Vertrag von Nizza, was mit der Schaffung eines einheitlichen Binnenmarktes gemeint ist: »Die Union bietet ihren Bürgerinnen und Bürgern ... einen Binnenmarkt mit freiem und unverfälschtem Wettbewerb.« Auch in den politischen Erklärungen werden seit Jahren ähnliche Ziele formuliert. Die im Frühjahr 2000 von den Staats- und Regierungschefs der EU verabschiedete so genannte Strategie von Lissabon enthielt nicht nur das Ziel, die EU bis zum Ende des Jahrzehnts »zum wettbewerbsfähigsten und dynamischsten wissensbasierten Wirtschaftsraum der Welt zu machen.« Hierauf folgte der Zusatz: »einem Wirtschaftsraum, der fähig ist, ein dauerhaftes Wirtschaftswachstum mit mehr und besseren Arbeitsplätzen und einem größeren sozialen Zusammenhalt zu erzielen.« (Europäischer Rat 2000)

Fünf Jahre später ist der Katzenjammer groß. In ihrem Bericht zum EU-Gipfel im Herbst 2005 muss die EU-Kommission vermelden: »Die Kluft zwischen Reich und Arm in der EU ist beträchtlich, sowohl innerhalb der Mitgliedstaaten als auch zwischen diesen. Über 25% der EU-Bürger leben in Regionen, in denen das BIP unter 75% des EU-Durchschnitts liegt. Für Europa insgesamt wächst der Abstand zwischen den reichsten 20% und den ärmsten 20% der Bevölkerung. 20% aller Kinder sind mit dem Armutsrisiko konfrontiert, wobei die Risiken für Kinder von allein erziehenden Müttern und für Kinder in Haushalten höher sind, in denen die Eltern keine Arbeit haben.« (KOM [2005] 525: 7)

Leider zeigt das Festhalten an der Dienstleistungsrichtlinie, dass die EU nicht die notwendigen Konsequenzen zieht. Statt die bisherige Strategie in Frage zu stellen, soll sie mit noch mehr Nachdruck verfolgt werden. Fester Bestandteil dieser Politik ist die weitere Liberalisierung im EU-Binnenmarkt. Dabei handelt es sich um eine tiefgreifende Umstrukturierung der europäischen Wirtschaft, die einerseits durch die Durchsetzung der im EG-Vertrag festgeschriebenen Marktfreiheiten, andererseits durch einen Abbau von Arbeitnehmer-, Umwelt-, und Verbraucherschutz erreicht werden soll.

Dieser Beitrag beleuchtet die Dienstleistungsrichtlinie in diesem Kontext. Dabei wird verdeutlicht, dass die Richtlinie nur einer der Pfade ist, auf dem versucht wird, dieses Ziel zu erreichen. Es wird gezeigt, welche negativen Folgen es hat, wenn diese Politik weiter fortgesetzt wird. Abschließend wird diskutiert, was notwendig wäre, um dieser Entwicklung erfolgreich entgegenzutreten.

Die Dienstleistungsfreiheit im EU-Binnenmarkt

Im Jahr 2002 veröffentlichte die EU-Kommission einen Bericht mit den Ergebnissen einer Untersuchung zum Stand des Binnenmarkts für Dienstleistungen. Darin zieht sie das Fazit, dass auch zehn Jahre nach der geplanten Vollendung des Binnenmarkts »noch immer eine breite Kluft besteht zwischen der Vision eines wirtschaftlich integrierten Europas und der Wirklichkeit, die die europäischen Bürger und Dienstleister erleben.« (KOM [2002] 441: 9) Der Bericht ist Abschluss der ersten Stufe einer zweistufigen Binnenmarktstrategie für den Dienstleistungssektor. Aufgabe dieser Stufe war es, eine Bestandsaufnahme der noch verbliebenen Schranken im grenzüberschreitenden Dienstleistungsverkehr zu machen. Ziel der Strategie ist, »die Erbringung von Dienstleistungen in einem anderen Mitgliedstaat genauso einfach zu gestalten wie im eigenen Land« (ebd: 16). Dem Bericht vorausgegangen war eine Befragung tausender Unternehmen, die Auskunft geben sollten, welche Schranken sie noch behindern. Der Bericht besteht zu großen Teilen aus einer systematischen Aufbereitung der durch die Befragung erhobenen Unternehmerklagen. Zwar betont der Bericht, dass unter den beklagten Missständen am meisten die Verbraucher leiden würden. Welche Probleme Verbraucherschützer oder Gewerkschaften dabei sehen, wurde allerdings nicht erhoben.

Die zweite Stufe dieser Strategie ist die Dienstleistungsrichtlinie. Sie wurde auf Grundlage der Ergebnisse im Abschlussbericht der ersten Stufe erarbeitet. Mit ihrer Verabschiedung und Umsetzung soll die zweite Stufe abgeschlossen werden. Gleichzeitig ist sie Ausdruck eines Paradigmenwechsels in der Liberalisierungspolitik im Dienstleistungssektor. Vorher verfolgte die EU-Kommission noch einen branchenspezifischen Ansatz. Pro Richtlinie sollte jeweils eine einzelne Branche liberalisiert werden. Mit der Dienstleistungsrichtlinie wechselt die EU-Kommission zu einem horizontalen Ansatz, der den gesamten Dienstleistungssektor auf einmal ins Visier nimmt. In der Begründung der Dienstleistungsrichtlinie wird dieser Ansatz mit ausdrücklichem Hinweis auf die Ergebnisse des Abschlussberichts der ersten Stufe gerechtfertigt: »Ein horizontaler Ansatz ist deshalb gerechtfertigt, weil, wie im Bericht dargelegt, die rechtlichen Schranken, die einem wirklichen Binnenmarkt für Dienstleistungen im Wege stehen, oft zahlreiche unterschiedliche Tätigkeitsbereiche gleichzeitig betreffen und viele gemeinsame Merkmale besitzen.« (KOM [2004] 2: 10)

Die Liberalisierungspolitik im Dienstleistungssektor ist prototypisch für eine immer radikaler werdende Umstrukturierung im Binnenmarkt. Im Folgenden wird gezeigt, wie diese immer mehr zur Gefahr für Demokratie und das viel beschworene europäische Sozialmodell wird. Dazu wird zunächst der EG-Vertrag näher unter die Lupe genommen, der die Herstellung der Dienstleistungsfreiheit als einen schrittweise ablaufenden politischen Prozess beschreibt. Anschließend wird die darauf aufbauende Rechtsprechung des Europäischen Gerichtshofs (EuGH) analysiert. Dieser nimmt die immer wieder von Politikern zu hörende Beteuerung, der Binnenmarkt sei längst vollendet, für bare Münze und wird so selbst zu einer treibenden Kraft der Liberalisierung. Anschließend wird gezeigt, wie die EU-Kommission selektiv die Rechtsprechung des EuGH nutzt, um darauf große Teile der Dienstleistungsrichtlinie aufzubauen.

Die Dienstleistungsfreiheit im EG-Vertrag

Die Dienstleistungsfreiheit gilt zusammen mit der Niederlassungsfreiheit neben dem freien Verkehr von Personen, Gütern und Kapital als eine der vier Marktfreiheiten des Binnenmarkts. Im EG-Vertrag ist sie in einem eigenen Unterkapitel festgeschrieben. Dieses beginnt mit Artikel 49, der erst einmal grundsätzlich die Dienstleistungsfreiheit garantiert: »Die Beschränkungen des freien Dienstleistungsverkehrs innerhalb der Gemeinschaft für Angehörige der Mitgliedstaaten, die in einem anderen Staat der Gemeinschaft als demjenigen des Leistungsempfängers ansässig sind, sind nach Maßgabe der folgenden Bestimmungen verboten.«

Der folgende Artikel definiert dann näher, um was es sich bei Dienstleistungen handelt: »Dienstleistungen im Sinne dieses Vertrags sind Leistungen, die in der Regel gegen Entgelt erbracht werden, soweit sie nicht den Vorschriften über den freien Waren- und Kapitalverkehr und über die Freizügigkeit der Personen unterliegen.

Als Dienstleistungen gelten insbesondere:
a) gewerbliche Tätigkeiten,
b) kaufmännische Tätigkeiten,
c) handwerkliche Tätigkeiten,
d) freiberufliche Tätigkeiten.«

Letztendlich wird damit als Dienstleistung alles definiert, was gegen Entgelt erbracht wird und nicht unter den Regelungsbereich der anderen im EU-Binnenmarkt zählenden Freiheiten fällt. Prinzipiell können dazu auch alle Tätigkeiten in der Landwirtschaft und im produzierenden Gewerbe gehören, denn diese können auch als Dienstleistung erbracht werden. Auch die gesamte Daseinsvorsorge fällt unter dieses Kapitel, sobald sie marktförmigen Prozessen unterliegt, also für den Wettbewerb geöffnet ist.

Dieser Artikel hat allerdings noch eine wichtige Fortsetzung, die zeigt, dass die Dienstleistungsfreiheit auch im EG-Vertrag noch wichtigen Beschränkungen unterliegt. Im nächsten Absatz heißt es nämlich im selben Artikel: »Unbeschadet des Kapitels über die Niederlassungsfreiheit kann der Leistende zwecks Erbringung seiner Leistungen seine Tätigkeit *vorübergehend* in dem Staat ausüben, in dem die Leistung erbracht wird, und zwar *unter den Voraussetzungen, welche dieser Staat für seine eigenen Angehörigen vorschreibt.«* (Hervorhebung S.L.)

Dies ist ein deutlicher Widerspruch zum so genannten Herkunftslandprinzip im Richtlinienentwurf der EU-Kommission, nach dem Dienstleister weitgehend den Regeln unterliegen sollen, die im Land ihrer Niederlassung gelten.

Im EG-Vertrag finden sich noch weitere Widersprüche zu wichtigen Bestimmungen des Entwurfs. Während letzterer einen horizontalen Ansatz verfolgt, also nahezu alle Dienstleistungen auf einmal deregulieren möchte, sieht der EG-Vertrag eine schrittweise Liberalisierung vor. In Artikel 52(1) heißt es: »Der Rat erlässt mit qualifizierter Mehrheit auf Vorschlag der Kommission und nach Anhörung des Wirtschafts- und Sozialausschusses und des Europäischen Parlaments Richtlinien zur Liberalisierung *einer bestimmten Dienstleistung.«* (Hervorhebung S.L.)

Da es sich dabei um ein Verfahren handelt, das nicht von heute auf morgen umgesetzt werden kann, enthält Artikel 54 eine Festlegung, wie in der Zwischenzeit mit den Branchen zu verfahren ist, die noch nicht durch eine Richtlinie liberalisiert wurden: »*Solange die Beschränkungen des freien Dienstleistungsverkehrs nicht aufgehoben sind, wendet sie jeder Mitgliedstaat ohne Unterscheidung nach Staatsangehörigkeit oder Aufenthaltsort auf alle in Artikel 49 Absatz 1 bezeichneten Erbringer von Dienstleistungen an.«*

Tatsächlich wurde der im EG-Vertrag beschriebene Weg in den letzten Jahren in vielen Branchen beschritten. Branchenbezogene Richtlinien wurden z.B. für die Dienste der Elektrizitätsversorgung, der Gasversorgung oder die Postdienste erlassen. Im Mittelpunkt der Richtlinien stand immer die Absicht, diese Branchen für einen europaweiten Wettbewerb zu öffnen. Gleichzeitig wurde den Mitgliedstaaten aber weiterhin ein minimaler Spielraum eingeräumt, um wichtige branchenspezifische Besonderheiten in nationaler Eigenverantwortung zu regeln. Bei den als Beispiel angeführten Richtlinien handelt es sich dabei vor allem um nationale Bestimmungen, mit denen gewährleistet werden soll, dass auch nach der Liberalisierung eine flächendeckende Versorgung mit wichtigen Basis-Dienstleistungen gewährleistet ist oder der Wettbewerb in leitungsgebundenen Systemen durch eine nationale Regulierungsbehörde überwacht wird. Dabei werden zum Teil auch Mindeststandards definiert. Im Dienstleistungsrichtlinienentwurf sind die von diesen Richtlinien geregelten Dienste daher vom Herkunftslandprinzip ausgenommen. Problematisch sind allerdings auch diese Richtlinien, da sie für diese Branchen den EU-weiten Wettbewerb weitgehend vorwegnehmen, der jetzt für alle Branchen durchgesetzt werden soll.

Vergleicht man den Richtlinienentwurf mit dem EG-Vertrag, könnte man meinen, viele der Regelungen wären Verstöße gegen den EG-Vertrag. Zuständig für Kontrolle der Einhaltung der Verträge ist eigentlich die EU-Kommission, die auch als Hüterin der Verträge gilt. Im Fall der Dienstleistungsrichtlinie kann man allerdings kaum auf sie bauen, denn sie hat den Entwurf ja selbst ausgearbeitet.

Die zweite Instanz, die bei solchen Konflikten eine wichtige Rolle spielt, ist der EuGH. Es mag verwundern, aber bei vielen Bestimmungen des Entwurfs verweist die EU-Kommission explizit auf die Rechtsprechung des EuGH.

Die Rechtsprechung des EuGH

Wenn sich der EuGH mit der Dienstleistungsfreiheit beschäftigt, geschieht dies meist auf zwei Wegen. Zum einen verklagt die EU-Kommission Mitgliedstaaten, wenn sie glaubt, dass diese EU-Recht brechen. Zum anderen legen nationale Gerichte Fragen vor, wenn sie bei den von ihnen verhandelten Fällen nicht sicher sind, wie EU-Recht korrekt anzuwenden ist.

Zur Dienstleistungsfreiheit existieren mittlerweile eine große Zahl von EuGH-Urteilen. Diese Urteile haben prinzipiell die gleiche Verbindlichkeit wie die Regelungen, auf denen sie beruhen. Legen sie Bestimmungen im EG-Vertrag aus, dann sind sie im Prinzip genauso verbindlich, wie wenn sie im EG-Vertrag selbst stehen würden. Geändert werden könnten sie nur, wenn die zu Grunde liegenden Regelungen im EG-Vertrag geändert würden. Dazu wäre die Zustimmung aller 25 Mitgliedstaaten notwendig. Allerdings gilt auch, dass es sich bei den Urteilen um Einzelfallentscheidungen handelt, bei denen fraglich ist, in wie weit sie sich verallgemeinern lassen. Sie kommen unter Berücksichtigung der dem EuGH zum Zeitpunkt der Urteilsverkündung vorliegenden Erkenntnisse zu Stande. Stellt sich z.B. später ein vor dem EuGH vorgetragenes Problem als gravierender heraus, als es zum Zeitpunkt der Urteilsverkündung eingeschätzt wurde, könnten in Zukunft auch andere Urteile zu Stande kommen.

Um eine einheitliche und damit einigermaßen voraussehbare Rechtsprechung zu gewährleisten, hat der EuGH in seinen Urteilen zur Dienstleistungsfreiheit eine gewisse Rechtssystematik entwickelt. Zu Streit hat immer wieder geführt, dass der EG-Vertrag einerseits die Dienstleistungsfreiheit gewährt, andererseits diese aber wieder einschränkt, indem er ausländische Dienstleister den gleichen Regelungen unterwirft wie inländische. Im Extremfall könnte eine nationale Regelung der Dienstleistungsfreiheit jegliche Wirkung nehmen, z.B. wenn eine nationale Regelung die Erbringung einer Dienstleistung nur Firmen mit Sitz im Inland erlaubt. Wenn eine solche Vorschrift nach Artikel 54 EG-Vertrag »ohne Unterscheidung nach Staatsangehörigkeit oder Aufenthaltsort« angewandt würde, würde sie der Dienstleistungsfreiheit de facto jegliche Wirkung nehmen. Ähnlich verhält es sich mit vielen anderen Regeln, die die Dienstleistungserbringung nicht völlig unmöglich machen, aber wesentlich erschweren.

In diesen Konflikten hat der EuGH seine eigene Interpretation des Artikels 54 geschaffen. Stellvertretend für viele Urteile, in denen die Argumentation ähnlich ist, wird im Folgenden aus einem Urteil zitiert, bei dem es u.a. darum ging, ob belgische Behörden ausländischen Dienstleistern Mindestlöhne sowie die Aufbewahrung von Personal- und Arbeitsunterlagen am Arbeitsort vorschreiben dürfen.

Zur Auslegung des Artikels 54, der früher die Nummer 59 trug, heißt es dort: »Nach ständiger Rechtsprechung verlangt Artikel 59 des Vertrages nicht nur die Beseitigung jeder Diskriminierung des in einem anderen Mitgliedstaat ansässigen Dienstleistenden aufgrund seiner Staatsangehörigkeit, sondern auch *die Aufhebung aller Beschränkungen* – selbst wenn sie unterschiedslos für inländische Dienstleistende wie für solche aus anderen Mitgliedstaaten gelten –, *sofern sie geeignet sind, die Tätigkeiten des Dienstleistenden,* der in einem anderen Mitgliedstaat ansässig ist und dort rechtmäßig ähnliche Dienstleistungen erbringt, *zu unterbinden, zu behindern oder weniger attraktiv zu machen.«* (C369/96 Anm. 33; Hervorhebung S.L.)

Der EuGH interpretiert den Artikel 54 also so, dass er den Mitgliedstaaten nur einen äußerst begrenzten Spielraum einräumt. Jede Anforderung, die ein Dienstleister zusätzlich erfüllen muss, sei es die Vorlage von Nachweisen oder bestimmte Anmeldepflichten, machen die Dienstleistungserbringung weniger attraktiv, da sie zusätzlicher Aufwand sind. Damit öffnet der EuGH die Büchse der Pandora. Es wird völlig unklar, was ein Staat überhaupt noch verlangen darf. Durch die Rechtsprechung des EuGH gerät sofort jede bestehende nationale Regelung auf den Prüfstand. Damit nimmt der EuGH der Politik das Heft aus der Hand und übernimmt selbst das Regiment bei der Herstellung der Dienstleistungsfreiheit.

Wäre das alles, was der EuGH zu sagen hätte, wäre es Mitgliedstaaten völlig unmöglich, Dienstleister aus anderen EU-Staaten eigenen Vorschriften zu unterwerfen. Dass dies absurd wäre, wissen auch die Richter am EuGH. Deshalb wird eine Regelung für Ausnahmen benötigt. Da der EG-Vertrag eigentlich nicht vorsieht, die vollständige Dienstleistungsfreiheit über Nacht einzuführen, muss sich der EuGH auch diese Regelung selbst definieren.

In dem Urteil heißt es deshalb weiter: »Auch wenn eine Harmonisierung in diesem Bereich fehlt, so darf der freie Dienstleistungsverkehr als fundamentaler Grundsatz des Vertrages doch nur durch Regelungen beschränkt werden,

- die durch *zwingende Gründe des Allgemeininteresses* gerechtfertigt sind und
- *für alle im Hoheitsgebiet des Aufnahmemitgliedstaats tätigen Personen oder Unternehmen* gelten,
- soweit dieses Interesse *nicht durch die Vorschriften geschützt* wird, denen der Dienstleistende *in dem Mitgliedstaat* unterliegt, *in dem er ansässig ist.*« (ebd., Hervorhebung und Absatzunterteilung S.L.)

Eine solche Rechtsprechung schafft alles andere als Rechtssicherheit. Um zu wissen, an welche nationalen Regeln sich ausländische Dienstleister halten müssen, müsste nicht nur geklärt sein, was genau »*zwingende Gründe des Allgemeininteresses*« sind, sondern auch, wann sie hinreichend im Herkunftsland geschützt sind. Beides ist allerdings unklar. Auch hier gilt wieder, dass es der EuGH ist, der bestimmt, wann etwas als Allgemeininteresse angesehen wird. Entsprechend gibt es auch keine abschließende Definition dazu. Statt dessen besteht eine über Jahre gewachsene Sammlung von Einzelgründen, die vom EuGH bisher akzeptiert wurden. Zu diesen zählen u.a.:

- der Schutz der öffentlichen Ordnung,
- der Schutz der öffentlichen Sicherheit,
- der Schutz der öffentlichen Gesundheit,
- der Verbraucherschutz,
- der Schutz der Dienstleistungsempfänger

- der Schutz der Arbeitnehmer,
- der Schutz der Umwelt,
- der Schutz der städtischen Umwelt,
- der Schutz der Tiergesundheit,
- der Schutz des geistigen Eigentums und
- die Erhaltung des nationalen, historischen und künstlerischen Erbes.

Diese Liste umfasst auch Bereiche, zu denen wichtige Grundrechte wie körperliche Unversehrtheit und Leben oder Schutz vor Ausbeutung und menschenunwürdigen Arbeitsbedingungen gehören. Fatal an dieser Rechtsprechung ist, dass sie zu einer Umkehrung in der Gewichtung von Grundrechten und Marktfreiheiten führt. Statt von den Marktfreiheiten zu verlangen, nicht in Grundrechte einzugreifen, werden Regeln zum Schutz von Grundrechten daraufhin überprüft, ob sie nicht in unverhältnismäßiger Weise in die Marktfreiheiten eingreifen. Genügt eine Ausnahmeregelung zum Schutz von Grundrechten nicht den zusätzlichen Kriterien, wird sie für unzulässig erklärt und es gelten nur die Marktfreiheiten. Damit wächst die Gefahr, dass Marktfreiheiten der Vorzug vor Grundrechten gegeben wird.

Unklar ist, wie beurteilt werden kann, ob ein Interesse im Herkunftsland bereits ausreichend geschützt ist. Ist ein Bereich betroffen, in dem eine europäische Harmonisierung fehlt, müssten Mitgliedstaaten nicht nur permanent die Rechtsetzung aller anderen 24 EU-Mitglieder[1] beobachten und je nach Herkunft des Dienstleisters unterschiedliche Regelungen anwenden, sondern auch beurteilen, ob die in dem jeweiligen Land geltenden Regelungen tatsächlich gewährleisten, das entsprechende Interesse auch auf ihrem Territorium zu schützen. Dazu gehört auch, ob im Herkunftsland genug kontrolliert wird und ein ausreichender Informationsaustausch mit den dort zuständigen Behörden möglich ist. Dass eine solche

---

[1] Eigentlich sind es sogar 27 andere Staaten, da auch die EFTA-Staaten Lichtenstein, Norwegen und Island über Assoziierungsabkommen Teil des EU-Binnenmarktes sind. Wenn demnächst auch noch weitere Staaten der EU beitreten, erhöht sich die Zahl weiter.

Beurteilung in der Praxis erhebliche Probleme bereitet, liegt auf der Hand.

Mit dem bisher Dargestellten ist die Systematik der Rechtsprechung allerdings immer noch nicht vollständig. Weiter heißt es: »Die Anwendung der nationalen Regelungen eines Mitgliedstaats auf die in anderen Mitgliedstaaten niedergelassenen Dienstleistenden

- muss geeignet sein, *die Verwirklichung des mit ihnen verfolgten Zieles zu gewährleisten,* und
- darf *nicht über das hinausgehen, was zur Erreichung dieses Zieles erforderlich ist.«* (C369/96 Anm. 33)

Auch diese Kriterien lassen einen weiten Interpretationsspielraum. Ähnlich formuliert wird auch im Art. 5 EG-Vertrag, in dem das so genannte Subsidiaritätsprinzip festgelegt ist: »Die Maßnahmen der Gemeinschaft gehen nicht über das für die Erreichung der Ziele dieses Vertrags erforderliche Maß hinaus.«

In seiner Rechtsprechung stellt der EuGH dieses Prinzip allerdings völlig auf den Kopf. Das Ergebnis ist, dass nicht mehr möglichst viel Regelungskompetenz auf einer tieferliegenden Ebene belassen, sondern dort weitestgehend eingeschränkt wird. Abbildung 1 auf der folgenden Seite stellt die der Rechtsprechung des EuGH zu Grunde liegende Systematik im Dienstleistungsbereich in einer Übersicht dar.

Den belgischen Mindestlohn, um den es in dem Urteil ging, hat der EuGH übrigens akzeptiert. Auch die Vorschrift, für Kontrollen notwendige Unterlagen am Ort der Dienstleistungserbringung aufzubewahren, ist mit EU-Recht vereinbar. Das gilt allerdings für Arbeitsverträge und Sozialversicherungsunterlagen nur so lange, wie kein ausreichendes Informationssystem zwischen den Mitgliedstaaten existiert. Mit der Dienstleistungsrichtlinie will die Kommission den Mitgliedstaaten vorschreiben, dazu nationale Kontaktstellen einzurichten. Gleichzeitig sollen, unter Berufung auf dieses Urteil, alle nationalen Regelungen abgeschafft werden, die die Aufbewahrung entsprechender Unterlagen am Arbeitsort vorschreiben. Ob der dann notwendige Informationsaustausch tatsäch-

Abbildung 1: Die den Urteilen des EuGH im Dienstleistungsbereich zu Grunde liegende Rechtssystematik

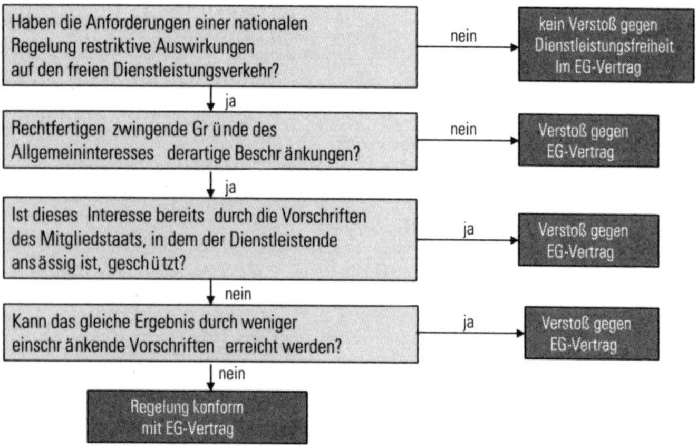

lich gewährleistet ist, was bezweifelt werden musst, wurde von der EU-Kommission nicht geprüft.

Unvollständige Harmonisierung im Dienstleistungsbereich

Betrachtet man die Anordnung der Marktfreiheiten im EG-Vertrag, finden sich die Artikel zum Dienstleistungsverkehr erst nach den Kapiteln zum Warenverkehr und zur Landwirtschaft. Entsprechend waren in der Vergangenheit die Prioritäten in der EU. Auch bei der Liberalisierung des Dienstleistungssektors wurden zuerst die Branchen liberalisiert, die auch für den Warenverkehr wichtig sind. Dies entspricht einer Vorschrift in Art. 52 (2) EG-Vertrag, nach der »im Allgemeinen mit Vorrang diejenigen Dienstleistungen zu berücksichtigen [sind], welche die Produktionskosten unmittelbar beeinflussen oder deren Liberalisierung zur Förderung des Warenverkehrs beiträgt.«

Weil der Warenverkehr Priorität hatte, existieren dafür bereits viele einheitliche Standards. Das wahrscheinlich bekannteste Beispiel ist die Verordnung (EWG) Nr. 1677/88, die den Krümmungsgrad von Gurken regelt. Auch wenn sich vieles davon kritisch hinterfragen lässt, da es dazu beiträgt, eine wünschenswerte Produktvielfalt einzuschränken, sind derartige Standards in vielen Bereichen für einen wirklich funktionierenden Binnenmarkt unverzichtbar. Für den Dienstleistungsbereich fehlt eine vergleichbare Regelungsdichte.

Völlig unreguliert ist der Dienstleistungsbereich allerdings auch nicht. Die für den Schutz von Arbeitnehmerrechten wahrscheinlich wichtigsten Vorschriften sind die Entsenderichtlinie (Richtlinie 96/71/EG) und die Verordnung über das anwendbare Recht der sozialen Sicherungssysteme (Verordnung [EWG] 1408/71), die auch im Entwurf der Dienstleistungsrichtlinie vom Herkunftslandprinzip ausgenommen sind. Die zuletzt genannte Verordnung regelt, dass Arbeitnehmer, die länger als ein Jahr in einem anderen Mitgliedstaat eingesetzt werden, dann in der Regel auch in diesem Land sozialversichert sein müssen, wenn das einen besseren Schutz bietet. Durch die Entsenderichtlinie sind die Mitgliedstaaten dazu verpflichtet, sicherzustellen, dass auf ihrem Territorium tätige ausländische Dienstleister in einigen Bereichen den gleichen arbeitsrechtlichen Vorschriften unterliegen wie inländische. Das gilt für:

- Höchstarbeitszeiten und Mindestruhezeiten,
- bezahlten Mindestjahresurlaub,
- Mindestlohnsätze einschließlich der Überstundensätze,
- Bedingungen für die Überlassung von Arbeitskräften, insbesondere durch Leiharbeitsunternehmen,
- Sicherheit, Gesundheitsschutz und Hygiene am Arbeitsplatz,
- Schutzmaßnahmen im Zusammenhang mit den Arbeits- und Beschäftigungsbedingungen von Schwangeren und Wöchnerinnen, Kindern und Jugendlichen sowie
- Gleichbehandlung von Männern und Frauen sowie andere Nichtdiskriminierungsbestimmungen.

Die Entsenderichtlinie wurde beschlossen, nachdem nationale Mindestlöhne strittig waren. Sie regelt allerdings nur, in welchen Bereichen ausländische Dienstleister nationalem Recht unterstehen und nicht, wie dieses ausgestaltet sein muss. Dafür sind die Mitgliedstaaten verantwortlich. In einigen Bereichen müssen sie sich an Mindeststandards halten, die in anderen Richtlinien und Verordnungen geregelt sind. Dazu gehören z.B. die Arbeitszeit- und die Bildschirmrichtlinie (Richtlinie 2003/88/EG bzw. Richtlinie 90/270/EWG). Dabei ist ihnen meist freigestellt, Standards mit einem höheren Schutzniveau vorzuschreiben.

Existieren weder europäische noch nationale Regeln, läuft die Entsenderichtlinie allerdings ins Leere. In Deutschland ist das vor allem beim Mindestlohn der Fall, den es bisher nur in der Baubranche gibt.

Bei Mindeststandards kommt es allerdings nicht nur auf ihre Existenz, sondern auch auf ihre Höhe an. Häufig enthalten Richtlinien Klauseln, die nach einiger Zeit eine Überprüfung vorschreiben. Das geschieht derzeit z.B. bei der Arbeitszeitrichtlinie, bei der sich die deutsche Bundesregierung in Brüssel an vorderster Front für eine Aufweichung einsetzt.

Die Einhaltung von Standards lässt sich auf ganz unterschiedliche Weise erreichen. Zum einen können gesellschaftliche Strukturen gefördert werden, die präventiv wirken. Beispiele dafür sind Verbraucherverbände oder Gewerkschaften. Auch qualifizierte Ausbildung gehört dazu. Der andere Weg sind Kontrollen und Strafen. Meist werden beide Wege beschritten, aber mit unterschiedlicher Gewichtung. Überwachen starke Gewerkschaften arbeitsrechtliche Vorschriften, sind staatliche Kontrollen entsprechend seltener nötig. Besonders problematisch wird es, wenn grenzüberschreitend tätige Dienstleister weder im einen noch im anderen System ausreichend eingebunden sind.

Im Unterschied zu Waren können Dienstleistungen auch nach der Erbringung häufig nicht mehr so einfach kontrolliert und aus dem Verkehr gezogen werden. Man denke nur an falsche medizinische Behandlungen oder nicht fachmännisch verlegte Gasleitungen. In solchen Fällen ist der Schaden nachträglich entweder gar nicht oder nur mit viel Aufwand zu beheben. Die Einhaltung von Arbeitsschutz-, Hygiene- oder Umweltvorschriften lässt sich meist sogar nur während der Erbringung kontrollieren. Besonders dann, wenn diese Vorschriften im Einvernehmen mit Beschäftigten missachtet werden, steigt der Kontrollaufwand enorm.

Grundsätzlich ist der bessere Weg, vor allem auf zivilgesellschaftliche Strukturen zu setzen und staatliche Kontrollen als Ergänzung anzusehen. Dabei besteht allerdings das Problem, dass die diese Strukturen tragenden Organisationen häufig noch stark in nationalen Grenzen verhaftet sind. Zwar haben die meisten ihre internationale Zusammenarbeit intensiviert und europäische Dachverbände gegründet, sie sind aber noch weit davon entfernt, echte transnationale Akteure zu werden. Meist entstehen diese Strukturen durch soziale Kämpfe, deren Ausgang dafür prägend ist, wie diese Organisationen aufgebaut sind und über wie viel gesellschaftlichen Einfluss sie verfügen. Da diese Kämpfe in den einzelnen Mitgliedstaaten unterschiedlich verlaufen, unterscheiden sich auch die Organisationen entsprechend.

Sehr konkrete Probleme tauchen auf, wenn EU-weit einheitliche Definitionen für bestimmte Begriffe fehlen. Das fängt bereits bei der Abgrenzung grenzüberschreitender Dienstleistungstätigkeit von der Gründung einer Niederlassung an. Fest steht eigentlich nur, dass erstere eine vorübergehende Tätigkeit und die Gründung einer Niederlassung auf Dauer ausgerichtet ist. Vor dem Hintergrund der geplanten Einführung des Herkunftslandprinzips kommt dieser Unterscheidung enorme Bedeutung zu. In den Urteilen des EuGH heißt es dazu einerseits: »Für die Frage, ob die Tätigkeiten ... vorübergehenden Charakter haben, sind ... nicht nur die Dauer der Leistung, sondern auch ihre Häufigkeit, regelmäßigen Wiederkehr oder Kontinuität zu berücksichtigen.« (C-215/01 Anm. 28) Andererseits ist zu lesen: »Der Vertrag enthält keine Vorschrift, die eine abstrakte Bestimmung der Dauer oder Häufigkeit ermöglicht, ab der die Erbringung einer Dienstleistung oder einer bestimmten Art von Dienstleistung in einem anderen Mitgliedstaat nicht mehr als eine Dienstleistung im Sinne des

Vertrages angesehen werden kann.« (ebd. Anm. 31) Entsprechend heißt es dann auch: »Der Begriff Dienstleistung im Sinne des Vertrages kann somit Dienstleistungen ganz unterschiedlicher Art umfassen, einschließlich solcher, deren Erbringung sich über einen längeren Zeitraum, bis hin zu mehreren Jahren, erstreckt, z.B., wenn es sich um Dienstleistungen handelt, die im Rahmen eines Großbauprojekts erbracht werden. Auch Leistungen, die ein in einem Mitgliedstaat ansässiger Wirtschaftsteilnehmer mehr oder weniger häufig oder regelmäßig, auch über einen längeren Zeitraum, für Personen erbringt, die in einem oder mehreren anderen Mitgliedstaaten niedergelassen sind, können Dienstleistungen im Sinne des Vertrages sein, etwa die entgeltliche Beratung oder Auskunftserteilung.« (ebd. Anm. 30) Ferner heißt es: »Der vorübergehende Charakter der Leistung schließt für den Dienstleistenden im Sinne des Vertrages nicht die Möglichkeit aus, sich im Aufnahmemitgliedstaat mit einer bestimmten Infrastruktur (einschließlich eines Büros, einer Praxis oder einer Kanzlei) auszustatten, soweit diese Infrastruktur für die Erbringung der fraglichen Leistung erforderlich ist.« (ebd. Anm. 28)

Das Vorhandensein einer Niederlassung wird u.a. dann angenommen, wenn jemand »in stabiler und kontinuierlicher Weise eine Berufstätigkeit in einem anderen Mitgliedstaat ausübt, in dem er sich von einem Berufsdomizil aus u.a. an die Angehörigen dieses Staates wendet.« (ebd. Anm. 29) Damit bleibt weitgehend offen, wann man von einem Berufsdomizil sprechen kann. Wie ist zu bewerten, wenn eine Firma einen zeitlich befristeten Auftrag vergibt, eine Großküche zu betreiben, Hausmeistertätigkeiten oder die Gebäudereinigung zu übernehmen, den Kassenbereich in Supermärkten zu betreuen, Regale aufzufüllen, den Fuhrpark zu warten, ein Callcenter zu führen oder den Wachdienst zu betreiben? Zu befürchten ist, dass dann nicht gilt, dass im Rahmen dieser Tätigkeit ein derart definiertes Berufsdomizil entsteht. Im Prinzip gibt es kaum eine Tätigkeit, die so nicht ausgelagert werden könnte und damit nach Inkrafttreten der Dienstleistungsrichtlinie unter das Herkunftslandprinzip fallen würde.

Alles, was die Urteile des EuGH in der Vergangenheit zur Stärkung der Rechte grenzüberschreitender Dienstleister enthalten haben, findet sich in der Dienstleistungsrichtlinie. Allerdings gab es in der Vergangenheit auch Urteile, die deutlich machen, dass die Dienstleistungsfreiheit ihre Grenzen hat. So hieß es beispielsweise in einem anderen Urteil: »Sodann ist festzustellen, dass die Vorschriften des Kapitels über die Dienstleistungen gegenüber denen des Kapitels über das Niederlassungsrecht subsidiär sind, erstens weil Artikel 59 Absatz 1 nach seinem Wortlaut voraussetzt, dass der Erbringer und der Empfänger der betreffenden Dienstleistung in zwei verschiedenen Mitgliedstaaten ›ansässig‹ sind, und zweitens, weil nach Artikel 60 Absatz 1 die Vorschriften über die Dienstleistungen nur Anwendung finden, wenn die Vorschriften über das Niederlassungsrecht nicht anwendbar sind.« (C-55/94 Anm. 22) Demzufolge müssen zwei Vorraussetzungen vorliegen, damit sich ein Dienstleister auf die Dienstleistungsfreiheit berufen kann: Er müsste in seinem mutmaßlichen Herkunftsland eine Niederlassung unterhalten und es dürfte dabei keine Niederlassung im Tätigkeitsland entstehen.

Ein konkretes Beispiel, bei dem dieser Sachverhalt relevant ist, sind die Probleme in der fleischverarbeitenden Industrie. Dort werden mit Dienstleistern aus Mittel- und Osteuropa Werkverträge abgeschlossen, durch die sie einen Teil der Schlachtung und Fleischzerlegung als Dienstleistung für deutsche Schlachthöfe erbringen. Verfügen diese Dienstleister in ihrem Herkunftsland für diesen Zweck über keine eigene Niederlassung, handelt es sich nicht um grenzüberschreitende Dienstleistungserbringung, sondern um illegale Arbeitnehmerüberlassung. Immer wieder tauchen Meldungen in der Presse auf, dass die dabei eingesetzten Beschäftigten unter menschenunwürdigen Bedingungen zu ihrer Tätigkeit gezwungen werden, nicht einmal den vereinbarten viel zu geringen Lohn erhalten und teilweise sogar Schläge zu erdulden haben.[2] Häu-

[2] Siehe z.B. Lorscheid (2003), Rohwetter (2004) und Lorscheid/Röhring (2005).

fig gibt es dabei auch deutsche Hintermänner, die bei dem Geschäft kräftig mitverdienen. Zwar kam es immer wieder zu groß angelegten Ermittlungen, richtig in den Griff scheint man das Problem allerdings nicht zu bekommen.

Bei der Überprüfung, ob im Herkunftsland tatsächlich eine Niederlassung besteht, ist das Tätigkeitsland auf Kooperation der dort zuständigen Behörden angewiesen. Diese stößt aber in der Praxis schnell an Grenzen. Häufig fällt es schon schwer, einen zuständigen Ansprechpartner zu finden. Meist sind erhebliche Sprachbarrieren zu meistern. Bei der zu erörternden Materie handelt es sich um komplexe juristische Sachverhalte, die in unterschiedlichen Gesetzeskontexten zu erörtern sind. An einer gründlichen Prüfung haben die Behörden des Herkunftslands häufig wahrscheinlich auch kein großes Interesse, da die Gewinne einer Firma grundsätzlich am Ort der Niederlassung versteuert werden. Alle negativen Folgen gehen hingegen meist zu Lasten des Tätigkeitslands. Der EU-Kommission fällt zur Lösung des Problems nur ein, dem Herkunftsland auch noch weitgehend die Verantwortung für die Kontrollen in den anderen Mitgliedstaaten zu übertragen. Dort dürften die Behörden nach Inkrafttreten der Dienstleistungsrichtlinie meist nur dann tätig werden, wenn sie vom Herkunftsland um Amtshilfe gebeten werden: »Diese gemeinschaftsweite Verantwortung des Herkunftsmitgliedstaates für die Überwachung der Tätigkeiten der Dienstleistungserbringer unabhängig vom Bestimmungsort der Dienstleistung ist klar herausgestellt, um gegenseitiges Vertrauen der Mitgliedstaaten bei der Regelung der Dienstleistungstätigkeiten herzustellen.« (KOM [2005] 2 Erwägungsgrund 38) Unternehmen hatten sich in den von der EU-Kommission verschickten Fragebögen beschwert, dass sie viele Kontrollen als diskriminierend empfinden.

Auch für die zweite Seite der Medaille, ob es sich im Tätigkeitsland nicht doch um eine Niederlassung handelt, findet man in der Dienstleistungsrichtlinie wenig erhellendes. In einem der Erwägungsgründe des Entwurfs heißt es: »Da die Beschränkungen im Binnenmarkt für Dienstleistungen sowohl die Dienstleistungserbringer, die sich in einem anderen Mitgliedstaat niederlassen möchten, als auch diejenigen beeinträchtigen, die in einem anderen Mitgliedstaat Leistungen erbringen, ohne dort eine Niederlassung zu errichten, ist es angebracht, den Dienstleistungserbringern zu ermöglichen, ihre Tätigkeiten im Binnenmarkt dadurch zu entwickeln, dass sie entweder eine Niederlassung in einem anderen Mitgliedstaat errichten oder die Dienstleistungsfreiheit nutzen. Die Dienstleistungserbringer müssen die Möglichkeit haben, zwischen diesen beiden Freiheiten zu wählen und sich für diejenige zu entscheiden, die ihrer Geschäftsstrategie für die einzelnen Mitgliedstaaten am besten gerecht wird.« (ebd., Erwägungsgrund 4)

Ähnliche Probleme bei zwischenstaatlicher Zusammenarbeit existieren auch bei Zeitarbeit und Scheinselbstständigkeit. Auch hier lässt die EU-Kommission in ihrem Entwurf jegliches Problembewusstsein vermissen.

Haben hingegen Unternehmen Schwierigkeiten, ihre durch den EG-Vertrag in Bezug auf Dienstleistungs- und Niederlassungsfreiheit gewährten Rechte gegenüber Behörden anderer Mitgliedstaaten durchzusetzen, können sie sich seit einiger Zeit auch an das von der EU eingerichtete System *solvit* wenden. Dieses verfügt über Kontaktstellen in allen EU-Staaten, die dann versuchen, mit den involvierten Behörden eine gütliche Einigung zu erreichen. Ein vergleichbarer Service, um Behörden anderer Mitgliedstaaten für Verbraucher-, Umwelt- oder Beschäftigteninteressen zu aktivieren, existiert hingegen nicht.

Schlussfolgerungen

Das System, mit dem die radikale Marktliberalisierung in der EU durchgesetzt wird, besteht aus mehr als nur dem Richtlinienentwurf. Auch der EG-Vertrag und die darauf aufbauende Rechtsprechung gehören dazu. Auch wenn man den Aspekt der Liberalisierung der Kapitalmärkte außer Betracht lässt, so wird deutlich, dass die dabei wirkenden Mechanismen Demokratie und Sozialstaatlichkeit immer mehr untergraben.

Viele Bestimmungen der Dienstleistungsrichtlinie sind durch den EuGH bereits europäisches Recht. Allerdings gilt dieses nur unter bestimmten Voraussetzungen. Sollte der gegenwärtige Richtlinienentwurf verabschiedet werden, wäre häufig nicht mehr kontrollierbar, ob diese Voraussetzungen erfüllt sind. Zum Teil ist das schon heute der Fall, ohne dass der Richtlinienentwurf dafür Lösungen bietet. In anderen Punkten, vor allem dem Herkunftslandprinzip und der Regelung von Kontrollrechten, geht der Richtlinienentwurf deutlich über das hinaus, was gegenwärtig EU-Recht ist. Die Richtlinie muss deshalb unbedingt zurückgewiesen werden. Allerdings reicht das nicht. Selbst dann droht die Durchsetzung dieser Politik über die Rechtsprechung des EuGH, die zwar langsamer verlaufen würde, aber genauso fatal wäre.

Dass so ein Entwurf überhaupt das Licht der Welt erblickt, hat tiefere Ursachen. Rechtsordnungen und Gerichtsurteile sind auch Spiegelbild gesellschaftlicher Werturteile und Kräfteverhältnisse. Am EU-Recht lässt sich ablesen, wie weit sich diese zu Gunsten von Kapitalinteressen verschoben haben. Hier müssen Gegenstrategien ansetzen.

Dass Kapitalinteressen heute so stark sind, hat auch mit dem Entstehen neuer Verkehrs-, Kommunikations- und Informationstechniken zu tun, die Kapital sehr viel mobiler machen. Die Veränderungen, die gegenwärtig nicht nur im EU-Binnenmarkt, sondern weltweit stattfinden, sind Ausdruck einer Transformation, bei der Kapital die damit verbundenen Möglichkeiten immer mehr nutzt, um seine Profite zu steigern.

Im EU-Binnenmarkt haben Konzerne es geschafft, Strukturen durchzusetzen, die fast ganz nach ihrem Wunsch geformt sind. Während auf EU-Ebene immer mehr Hindernisse aus dem Weg geräumt werden, die sie stören, bleibt es Aufgabe der Mitgliedstaaten, mit den Folgen fertig zu werden. Ersteres nennt sich dann Bürokratieabbau, letzteres Subsidiaritätsprinzip. Beides zusammengenommen sorgt dafür, dass Mitgliedstaaten heftig darum konkurrieren, für Unternehmen die attraktivsten Standortfaktoren zu haben. Das Wohlstandsgefälle, das seit der Osterweiterung im EU-Binnenmarkt festzustellen ist, tut sein Übriges, diesen Transformationsprozess zu beschleunigen. Die EU schafft sowohl den dazu notwendigen rechtlichen Rahmen als auch die notwendige Verkehrs- und Kommunikationsinfrastruktur.

Wenn die Kapitalseite heute stärker transnational organisiert ist, müssen sich auch soziale Bewegungen darauf einstellen. Dabei reicht es allerdings nicht, nur stärker international zusammenzuarbeiten, sondern es müssen auch ebenbürtige transnationale Akteure entstehen. Ihre besondere Dynamik enthält die Entwicklung durch die unterschiedlichen Lebensstandards in den einzelnen Ländern. Eine Angleichung nach oben zu erkämpfen wird eine der Hauptaufgaben der transnationalen Akteure sein, die es zu schaffen gilt.

Ein großes Hindernis dabei ist allerdings, dass sich das Umfeld, in dem soziale Bewegungen in Ost- und Westeuropa existieren, erheblich unterscheidet. Viele der Standards, die wir im Westen noch verteidigen, sind im Osten nicht vorhanden. Die sozialen Probleme sind um ein Vielfaches gravierender. Polen und die Slowakei haben EU-weit die höchsten Arbeitslosenraten. Von Sozialleistungen in der Höhe von Hartz IV kann man dort gegenwärtig nur träumen. Die meisten Produktionsmittel gehören ausländischen Investoren. Durch Betriebsverlagerungen werden im Osten nicht nur Arbeitsplätze geschaffen, sondern auch viele vernichtet. Die mit westlichem Kapital geschaffenen neuen Niederlassungen arbeiten oft viel produktiver als die alten.

Durch den freien Warenverkehr besteht auch für den Osten ein hoher Konkurrenzdruck aus dem Westen. Soll ein gemeinsamer Akteur entstehen, muss das Interesse an der Situation des jeweils anderen noch erheblich wachsen. Trotzdem muss eine gemeinsame Bewegung aufgebaut werden. Die wirtschaftliche Verflechtung zwischen Ost- und Westeuropa wächst beständig. Das institutionelle Gefüge, das diesen Prozess vorantreibt, ist so angelegt, dass es nur gemeinsam zum Besseren verändert werden kann.

Es entstehen aber auch bereits Strukturen, um das Trennende zu überwinden. Dazu gehören das europäische Sozialforum und die Herausbildung europäischer Parteien. Auch Netzwerke wie Attac verstärken ihre transeuropäische Zusammenarbeit. Lokale Arbeitszusammenhänge sind dabei aber häufig noch zu schwach vertreten. Deshalb muss dringend für mehr Engagement bei den Aktiven vor Ort geworben werden. Auch die Strukturen in Mittel- und Osteuropa sind häufig noch sehr prekär. Viele werden dort durch die meist ungleich größeren Alltagssorgen von politischem Engagement abgehalten. Der größte Feind dabei ist häufig Resignation. Solidarität ist deshalb besonders wichtig. Warum sollte es nicht auch bei uns zu größeren Protesten kommen, wenn im Osten bei westlich dominierten Supermarktketten menschenunwürdige Arbeitsbedingungen herrschen oder sich unter westlicher Kontrolle befindende Dienstleister die Preise für Strom, Gas und Telefon in unerschwingliche Höhe treiben? Außerdem bieten Themen wie geistiges Eigentum oder Gentechnik genauso weiteres Potenzial für gemeinsame Aktivitäten wie eine andere Regulierung der Kapitalmärkte und das Schließen von Steueroasen.

Bei all dem darf allerdings nicht vergessen werden, dass Europa auch keine Insel der Glückseligen sein kann, das die Probleme im Rest der Welt ignoriert oder gar auf dessen Kosten lebt. Es wird deshalb in Zukunft auch darauf ankommen, lokale Wirtschaftskreisläufe zu stärken. Das ist schon allein deshalb wichtig, weil unser heutiges Wirtschaftssystem, zu dem auch der EU-Binnenmarkt gehört, stark vom Verbrauch fossiler Energieträger abhängt, die schneller zur Neige gehen werden, als manchem heute bewusst sein dürfte.

Neben dem Einsatz für ein anderes Europa und eine andere Welt darf allerdings auch der Kampf um hohe Standards hierzulande nicht vergessen werden. Gerade der Dienstleistungsbereich mit seinen häufig sehr ortsgebundenen Tätigkeiten bietet dafür relativ gute Ausgangsvoraussetzungen.

Wichtigste Forderung muss dabei die Einführung eines generellen Mindestlohns sein, wie er in den meisten anderen EU-Staaten schon seit langem existiert. Allerdings muss er auch kontrollierbar und einklagbar sein. Gerade der grenzüberschreitende Dienstleistungsverkehr bietet Unternehmen leider viele Möglichkeiten, sich ihren Zahlungsverpflichtungen zu entziehen. Ein Beispiel sind Scheinfirmen, die nach Auftragserledigung einfach in Konkurs gehen. Wie innovative Regelungen aussehen, um derartigem vorzubeugen, zeigt die Baubranche. Dort existiert nicht nur ein Mindestlohn, sondern auch eine Generalunternehmerhaftung. Auftraggebende Unternehmen können damit gezwungen werden, in die Bresche zu springen, wenn der von ihnen beauftragte Dienstleister seinen Lohnverpflichtungen nicht nachkommt.

Auf solche Regelungen lassen sich dann auch Organisationen aufbauen, die grenzüberschreitend für die Rechte von Wanderarbeitern eintreten. Ein Beispiel dafür ist der vor einiger Zeit mit Unterstützung der IG BAU gegründete Europäische Verband der Wanderarbeiter.[3] Er betreut transnational Wanderarbeiter, in dem er ihnen sowohl in ihrer Heimat als auch an ihren Tätigkeitsorten mit Ansprechpartnern in ihrer Muttersprache zur Verfügung steht, sie über ihre Rechte aufklärt und notfalls auch dabei unterstützt, diese tatsächlich durchzusetzen.

Man sollte sich allerdings nicht der Illusion hingeben, ein einmal erkämpfter Mindestlohn könnte durch den tatsächlichen oder vermeintlichen Wettbewerbsdruck im EU-Binnenmarkt nicht wieder unter Druck geraten. Deshalb sollte er auch auf europäischer Ebene abgesichert werden. Dabei müsste natürlich das noch sehr unterschiedliche wirtschaftliche Niveau in den einzelnen Mitgliedstaaten berücksichtigt werden. Möglich wäre dies, wenn sich ein derartiger Mindestlohn prozentual am Durchschnittseinkommen bemisst.

Noch besser, als bei der Durchsetzung von Mindestlöhnen auf staatliche Strukturen angewiesen zu sein, ist es, wenn star-

[3] Für weitere Informationen siehe http://www.migrant-workers-union.org.

ke Gewerkschaften Löhne direkt durchsetzen. Wenn sich immer mehr Unternehmen weigern, Flächentarifverträge zu unterschreiben, wird es für Gewerkschaften wichtig, auch Druck auf Unternehmen ausüben zu dürfen, in denen sie selbst nicht oder nur schwach vertreten sind. Vorbild kann hier Skandinavien sein. Ist dort in einer Branche ein Kollektivvertrag zu Stande gekommen, dürfen Gewerkschaften diesen durch Blockaden auch bei den Unternehmen durchsetzen, die dem Abkommen nicht beigetreten sind. Friedenspflicht herrscht nur, wenn mit einem Unternehmen eine Vereinbarung existiert. Das gilt auch für ausländische Dienstleister. Skandinavien zeigt, wie erfolgreich dieses Modell ist. Bei Tarifverhandlungen haben Arbeitgeberverbände nicht mehr die Ausrede, dass bei zu hohen Abschlüssen zu viele Unternehmen aus dem Verband austreten würden und damit an die Vereinbarung nicht mehr gebunden wären. Gewerkschaften sind äußerst erfolgreich, einmal getroffene Vereinbarungen auch bei anderen Unternehmen durchzusetzen. Während der Verhandlungen kann es auch nicht passieren, dass Regierungen die gewerkschaftliche Position schwächen, indem sie drohen, eine Tarifvereinbarung nicht für allgemeingültig zu erklären. In Deutschland weigert sich die Bundesregierung, Branchentarifverträge für allgemeingültig zu erklären, wenn das nicht auch die Arbeitgeberseite beantragt. Für den Mindestlohn in der Baubranche gilt in Deutschland, dass er nur für allgemeingültig erklärt werden kann, wenn dies ein paritätisch besetzter Ausschuss von Arbeitgeber- und Gewerkschaftsvertretern beantragt. Dabei muss die Arbeitgeberseite Betriebe repräsentieren, die mindestens die Hälfte der Arbeitnehmer beschäftigen, für die dieser allgemeinverbindlich erklärte Mindestlohn dann gelten würde. Eine solche Regelung für die fleischverarbeitende Industrie wäre völlig nutzlos, da dort die meisten Arbeitgeber nicht tarifgebunden sind und in der Kommission nicht vertreten wären.

Skandinavien zeigt auch, dass bei diesem Modell der Organisationsgrad von Gewerkschaften deutlich höher ist. Das Erzwingen der Einhaltung von Kollektivverträgen schafft Erfolgserlebnisse und stärkt den Kampfgeist. Kein Wunder, dass man sich auch in deutschen Gewerkschaften für solche Modelle interessiert. Die IG BAU plant bereits den Aufbau einer schnellen Eingreiftruppe, die auch gegen Betriebe eingesetzt werden kann, die sich nicht an die Spielregeln eines fairen Wettbewerbes halten und ihre Arbeitnehmer unmenschlich behandeln. In eine ähnliche Richtung geht eine Kampagne von ver.di, mit der Betriebsratswahlen bei LIDL erreicht werden sollen. Attac führt parallel dazu eine Kampagne durch, bei der mit der Forderung »Produktgeschichte offen legen« die Produktionsketten der bei LIDL verkauften Waren thematisiert werden.

Aber auch die skandinavischen Gewerkschaftsrechte sind bedroht. Als schwedische Gewerkschaften einen lettischen Bauunternehmer, der mit Bauarbeiten an einem Schulhaus in Vaxholm bei Stockholm beauftragt war, dazu zwingen wollten, schwedische Löhne zu bezahlen, weigerte sich dieser. Zur Begründung führte er an, es bestehe zwischen ihm und seinen Beschäftigten bereits ein Tarifvertrag nach lettischem Recht und verklagte die schwedische Gewerkschaft unter Berufung auf die EU-Dienstleistungsfreiheit vor Gericht. Sollte die Dienstleistungsrichtlinie in ihrer derzeitigen Form mit dem Herkunftslandprinzip verabschiedet werden, hätte er das EU-Recht möglicherweise auf seiner Seite. Wie es aussieht, wenn dies nicht geschieht, ist offen. Das schwedische Gericht setzte das Verfahren aus, um sich Rat beim EuGH zu holen. Eine Antwort steht noch aus.

Literatur

EU-Kommission (2004): Weit reichende Vorschläge zur Verwirklichung eines echten Binnenmarktes, in: Single Market News Nr. 33 Spezial Dosier, Brüssel, online: http://www.europa.eu.int/comm/internal_market/smn/smn33/a23_de.htm

Europäischer Rat (2000): Schlussfolgerungen des Vorsitz, Lissabon, online: http://ue.eu.int/ueDocs/cms_Data/docs/pressData/de/ec/00100-r1.d0.htm

Fritz, Thomas (2004): Auf dem Weg zur Sonderwirtschaftszone, Berlin,

online: http://www.blue21.de/PDF/Fritz-vs-Bolkestein.pdf
Lorscheid, Helmut (2003): Lohndumping für billiges Fleisch, in: telepolis, online: http://www.heise.de/tp/r4/artikel/16/16116/1.html
Lorscheid, Helmut/Röhring, Johannes (2005): Die Lohn-Schlachter, in: Stern Heft 13/2005, online: http://www.stern.de/wirtschaft/unternehmen/538042.html?nv=ct_cb
Rohwetter (2004): Und bist Du nicht billig... in: Die Zeit Nr. 16 vom 7.4.2004, online: http://www.zeit.de/2004/16/Schlachthof-Mafia?page=all

Links

Register der Kommissionsdokumente (KOM):
http://europa.eu.int/comm/secretariat_general/regdoc/recherche.cfm?CL=de
EuGH-Urteile:
http://curia.eu.int/jurisp/cgi-bin/form.pl?lang=de
Kampagnenseite von Attac:
http://www.attac.de/bolkestein

Joachim Rock

Soziale Dienstleistungen sind kein Johannisbeerlikör

Mögliche Folgen einer Dienstleistungsrichtlinie im Sozial- und Gesundheitsbereich

Am 20. Februar 1979 entschied der EuGH in einem Rechtsstreit zwischen der deutschen Handelsgruppe REWE und der Bundesmonopolverwaltung für Branntwein, dass das durch die Bundesverwaltung ausgesprochene Importverbot für einen französischen Johannisbeerlikör (Cassis) gegen europäisches Recht verstoße. Zwar sei es nach Auffassung des EuGH grundsätzlich möglich, dass der Import von in anderen Mitgliedsstaaten rechtmäßig vertriebenen Produkten Einschränkungen unterworfen wird. Eine solche Maßnahme bedürfe jedoch zwingender Gründe, zu denen der EuGH eine wirksame steuerliche Kontrolle, den Schutz der öffentlichen Gesundheit, die Lauterkeit des Handelsverkehrs und den Verbraucherschutz zählte. Die Bundesverwaltung stützte sich jedoch lediglich auf eine Regelung des Branntweingesetzes, gemäß dem der Alkoholgehalt des Likörs nach deutschem Recht zu gering sei. Dies rechtfertige kein Importverbot, so der EuGH. Was in anderen Mitgliedsstaaten rechtmäßig hergestellt werde, das müsse grundsätzlich auch in den anderen Mitgliedsstaaten handelbar sein. Der EuGH bekannte sich damit nachdrücklich zum Herkunftslandprinzip, dessen Anwendung nun auch auf den Dienstleistungssektor ausgedehnt werden soll, um den zwischenstaatlichen Handel mit Dienstleistungen erheblich zu intensivieren.

Von ihren Befürwortern wird regelmäßig darauf verwiesen, dass die Dienstleistungsrichtlinie lediglich eine konsequente Fortschreibung der Prinzipien des Binnenmarktes sei, wie sie schon im Wortlaut der Römischen Verträge von 1957 enthalten sind. Sie haben damit Recht. Die Dienstleistungsfreiheit zählt zu den vier Grundfreiheiten des EG-Vertrages.[1] Der EG-Vertrag seinerseits war das Ergebnis einer veränderten Strategie im europäischen Einigungsprozess. Nachdem der Versuch einer Vertiefung der europäischen Einigung mit dem Plan einer Europäischen Verteidigungsgemeinschaft 1954 am Veto des französischen Parlaments scheiterte, wollte man eine Vertiefung des Einigungsprozesses durch wirtschaftliches Zusammenwachsen erreichen.[2] Erklärtes Ziel war es, »das politische Ziel auf dem Weg über die Wirtschaft anzugehen«, wie es der erste Präsident der Kommission, Walter Hallstein (zitiert nach Böckenförde 1999: 72), formulierte. Würde Europa wirtschaftlich immer weiter zusammenwachsen, so die Annahme, so würde die politische Einigung im Sog der wirtschaftlichen Einigung folgen. Dies trug dazu bei, dass das Gemeinschaftsrecht schon in den Gründungsverträgen auf eine konsequente Liberalisierung der Märkte gerichtet war.

Die im EGV normierten Grundfreiheiten fungieren dementsprechend als »Prinzipien einer Marktverfassung« (Däubler 1989: 90). Sie sollten sicherstellen, dass jegliche Diskriminierung aufgrund der Herkunft ausgeschlossen wird. Die Mitgliedstaaten müssen grundsätzlich gewährleisten, dass ausländische Akteure die gleichen Rechte wie einheimische Akteure haben. Ausnahmen davon sind möglich, sie müssen aber gerechtfertigt und verhältnismäßig (geeignet, erforderlich und angemessen) sein. Gleichzeitig ist es aber durchaus möglich, dass Dienstleister aus anderen Mitgliedstaaten rechtlich besser gestellt werden als einheimische Dienstleister. Eine solche Inländerdiskriminierung ist denkbar, weil sich die Freiheiten des europäischen Rechts nur auf den grenzüberschreitenden Handel beziehen. Gegenüber dem Heimatstaat können sich Dienstleister damit nicht auf europäisches Recht berufen. Der EuGH hat mehrfach die Vereinbarkeit einer sol-

---

[1] Die 4 Grundfreiheiten sind freier Warenverkehr (Art. 23 ff., 28 ff. EGV), freier Personenverkehr (Art. 39 ff., 43 ff. EGV), Dienstleistungsfreiheit (Art. 49ff. EGV) und freier Kapitalverkehr (Art. 56 I, 57 ff. EGV)

[2] Siehe dazu auch den Beitrag von Joachim Bischoff und Frank Deppe in diesem Band.

chen Inländerdiskriminierung mit europäischem Recht bestätigt.[3]

Die exekutivistische Struktur[4] der Entscheidungsfindung auf europäischer Ebene und die bis heute im Prinzip fortbestehende Abstinenz des Vertragsrechts gegenüber sozialen Rechten führten dazu, dass das Fortschreiten des Integrationsprozesses nicht durch langwierige und den Integrationsprozess verlangsamende Konsultations- und Abstimmungsprozesse behindert wurde. Ohne diese ist eine Harmonisierung auf hohem Niveau jedoch nicht zu haben. Nicht sozialer Fortschritt, sondern fortschreitender Wettbewerb war das Ziel des Einigungsprozesses. Der ehemalige Bundesverfassungsrichter Ernst-Wolfgang Böckenförde fasst die Konsequenz des Liberalisierungsansatzes deshalb wie folgt zusammen: »Die Folge ist, dass auf der Ebene der EG ein Bereich von Marktwirtschaft pur entsteht, d.h. eine Emanzipation von der sozialen Marktwirtschaft« (Böckenförde 1999: 79). Der Kommissionsentwurf einer Dienstleistungsrichtlinie ist Ausdruck dieser Politik.

Besonderheiten sozialer Dienstleistungen

Bezogen auf den Sozial- und Gesundheitssektor ist die Dienstleistungsrichtlinie sowohl im Grundsatz als auch in zahlreichen Einzelvorschriften inakzeptabel. Das grundsätzliche Problem liegt darin, dass die Dienstleistungsrichtlinie nach den Vorstellungen der Kommission einen umfassenden, horizontalen Ansatz verfolgt. Sie gilt grundsätzlich für alle Dienstleistungen, auch für solche im Sozial- und Gesundheitssektor. Dienstleistungen in diesem Bereich sind aber keine »norma-

---

[3] Vgl. EuGH, Rs. 175/78 (Saunders), Slg. 1979, 1129; Verb. Rs. 35 u. 38/82 (Morson), Slg. 1982, 3723.

[4] E.W. Böckenförde charakterisiert diese »exekutivistische Struktur«: »Demokratische Beteiligung der Bürger ebenso wie effektive demokratische Kontrolle waren keine genuinen Bausteine in diesem System, sie hinkten nach und blieben eher marginal« (Böckenförde 1999: 74).

len« Dienstleistungen, sondern weisen Besonderheiten auf. Im Gegensatz zur klassischen Wirtschaftstheorie, die von einem informierten und souverän zwischen verschiedenen Alternativen wählenden Kunden ausgeht, ist man bei der Inanspruchnahme von sozialen Diensten regelmäßig auf Hilfe angewiesen. Wer aber auf Unterstützung angewiesen ist, der wählt nicht souverän zwischen verschiedenen Angeboten, zumal die hilfsbedürftigen Menschen die Qualität der Dienstleistungen ungleich weniger einschätzen können als beispielsweise die Qualität eines Radioweckers. Nicht selten muss er deshalb auf die Qualität der Leistungen vertrauen. Soziale Dienstleistungen sind Vertrauensgüter.

Zudem ist er häufig auf diese Leistungen angewiesen und kann nicht einfach darauf verzichten, wie ein Käufer im Supermarkt auf ein bestimmtes Produkt. Oft kann der Nachfragende nicht einmal Zeit, Art und Umfang des Hilfebedarfes bestimmen, da sich die Notwendigkeit der Inanspruchnahme dieser Leistungen in der Regel als Folge von nicht vorhersehbaren Ereignissen, die zum allgemeinen Lebensrisiko zählen, ergibt. Die Nachfrage wird darüber hinaus in der Regel nicht durch den Nachfragenden, sondern durch den Anbieter selbst – beispielsweise durch einen Arzt – (mit)bestimmt. Von Konsumentensouveränität, die nach der wirtschaftswissenschaftlichen Theorie eine Grundlage eines funktionierenden Wettbewerbs ist, kann deshalb nur sehr eingeschränkt ausgegangen werden.

Nicht zuletzt verfügen gerade diejenigen, die in besonderer Weise auf Sozial- und Gesundheitsdienstleistungen angewiesen sind, häufig nicht über die notwendige Kaufkraft, um sie sich leisten zu können. Im Pflegebereich entstehen beispielsweise sehr schnell Kosten, die das Einkommen des Pflegebedürftigen deutlich übersteigen, so dass der Rückgriff auf Einkommen und Vermögen von Angehörigen droht. Der Preis wird dann zum wesentlichen Kriterium für die Wahl des Angebotes, weniger die Qualität. Das damit in Gang gesetzte *race to the bottom* widerspricht offenkundig dem EG-Vertrag, in dem in Artikel 52 Abs. 1 ein hohes Gesundheitsschutzniveau und in Art. 136 Abs. 1 ein hohes Sozialschutzniveau postuliert werden.

Anders als auf dem Warenmarkt ist das Marktversagen im Bereich der Sozial- und Gesundheitsdienste programmiert. Als Distributionsinstrument taugt der Markt in diesen Bereichen nur begrenzt. Der von der Kommission vorgelegte Entwurf einer Dienstleistungsrichtlinie abstrahiert von diesen Besonderheiten. Er ignoriert zudem das besondere Verhältnis von Dienstleistern und Klienten. Sozial- und Gesundheistdienstleistungen werden persönlich erbracht. Dienstleistungserbringer und -empfänger kooperieren dabei. Erbringung und Empfang der Dienstleistung fallen unmittelbar zusammen (*uno-actu-Prinzip*). Vertrauen, Respekt und Sicherheit sind dabei von größter Bedeutung. Aus diesem Grund wird der Markt in Deutschland bisher in weiten Teilen von gemeinnützigen Anbietern der Freien Wohlfahrtspflege gestaltet. Sie bieten dem Nutzer die Gewähr dafür, dass keine Gewinne ausgeschüttet oder auch nur angestrebt werden. Mit den entsprechenden Einnahmen wird stattdessen versucht, die bestmögliche Qualität zu bieten. Nicht selten erbringen diese Träger auch Leistungen, obwohl sie keinen kostendeckenden Preis erzielen können, weil sie dies unter den gegebenen Rahmenbedingungen an anderer Stelle kompensieren können. Die Dienstleistungsrichtline torpediert dieses Arrangement und setzt die reine Marktlogik an dessen Stelle. Sie verkennt die Besonderheiten des Sozial- und Gesundheitssektors und verfährt damit wie der Heimwerker, dem als einziges Instrument ein Hammer zu Verfügung steht. Er neigt dazu, jedes Problem für einen Nagel zu halten und entsprechend zu bearbeiten. Die Dienstleistungsrichtlinie kennt nur das Instrument der Liberalisierung und antwortet damit auf jedes Praxisproblem. Dadurch kann sie dazu beitragen, dass Dienstleistungen billiger werden. Dies geht jedoch notwendig zu Lasten der Qualität und zu Lasten der Sozial- und Beschäftigungsstandards. Sowohl im Bild als auch in der Praxis ist das Instrument gleichermaßen ungeeignet.

Fatale Auswirkungen des Herkunftslandprinzips

Das in Artikel 16 der Dienstleistungsrichtlinie formulierte Herkunftslandprinzip ist eine von mehreren Normen der Richtlinie, die das bestehende soziale Arrangement zu Lasten der Bürgerinnen und Bürger, aber auch zu Lasten der gemeinnützigen Anbieter sozialer Dienste beeinträchtigen würden. Ebenso wie die Dienstleistungsfreiheit selbst nicht neu ist, ist auch das Herkunftslandprinzip nicht völlig neu. Zwar ist es dem europäischen Primärrecht fremd, doch hat der EuGH es in seiner Rechtsprechung zur Warenverkehrsfreiheit am eingangs geschilderten Beispiel von Johannesbeerlikör entwickelt. Zwei wesentliche Aspekte sprechen dagegen, dieses Prinzip auf die Dienstleistungsfreiheit zu übertragen. Zum einen hat der EuGH selbst seine ursprüngliche Entscheidung später erheblich zurückgenommen,[5] zum anderen ist Gesundheit schon aus den genannten Gründen keine Ware und darf auch nicht als solche behandelt werden.

Für den Bereich der Sozial- und Gesundheitsdienstleistungen ist das Herkunftslandprinzip auch deshalb fatal, weil es der Etablierung von Qualitätsstandards für soziale Dienste den Boden entzieht. Eine Vergleichbarkeit der Leistungen sowie eine Kontrolle der Qualität der Dienstleistungen werden unmöglich gemacht, wenn – wie im Entwurf vorgesehen – die Rechtsordnung des Herkunftsstaates gilt und dieser allein für die Kontrolle im Zielland zuständig wird. Der Herkunftsstaat hat kein Interesse an einer Qualitätskontrolle im Ausland, während die Behörden im Erbringungsland keine Kompetenz dazu haben.

Jegliche Kontrolle wird deshalb in der Regel im Nirwana interessenloser Amtshilfeverfahren untergehen. Unterschiedliche Akteure – Kunden, andere Anbieter, staatliche Verwaltungen im Erbringungs- und Herkunftsland, Sozialversicherungen et cetera – mit ganz unterschiedlichen Interessen und Möglichkeiten müssten in derselben Richtung an einem Strang

[5] EuGH, Slg. 1993, I-6097ff., RNR 16

ziehen, damit die grenzübergreifende Kontrolle der Leistungserbringer überhaupt gewährleistet werden kann. Praktisch ist das nicht zu leisten, weshalb der entsprechende Passus des Entwurfes – Artikel 16 Abs. 2 – zu streichen ist.

Um das populäre Bild des Grashüpfers zu übernehmen: In jedem Fall müsste das Netz der Kontrolle von den verschiedenen Akteuren engmaschig neu geknüpft werden, um überhaupt eine Chance zu haben, des grenzüberschreitenden Grashüpfers habhaft zu werden. Angesichts eines kafkaesken Neben-, Mit- und Gegeneinanders von 25 verschiedenen nationalen Rechtsordnungen und einer Gemengelage unterschiedlicher Motive derer, die dabei zusammenarbeiten müssen, muss man kein sonderlich gewitzter Grashüpfer sein, um sich davon nicht beeindrucken zu lassen. Indem man ein nicht zu handhabendes Maß an unterschiedlichen Regelungen nebeneinander gelten lässt, wird die Durchsetzbarkeit jeglicher Normen fast unmöglich gemacht. Das erste Opfer dieser Neuordnung wäre der Verbraucherschutz. Während der Anbieter seine Rechtsordnung einfach mitnehmen kann, verliert der Nachfragende seinen Orientierungsrahmen. Die Folge ist, dass die Qualität der Leistung als Kriterium im Wettbewerb beliebig zu werden droht, weil sie nicht mehr vergleichbar ist. Der Wettbewerb wird auf das einzige verbleibende vergleichbare Kriterium reduziert: auf den Preis. Dieses Ergebnis hat nichts mit der auf EU-Ebene postulierten Harmonisierung bei hohen Standards zu tun. Es wird ja gerade nichts harmonisiert, sondern Differenz zum Prinzip erhoben. Die Anpassung wird sich unter den Umständen auf niedrigstem gemeinsamem Qualitätsniveau vollziehen. Gleichzeitig wird das Ausmaß der Bürokratie gerade nicht gesenkt, sondern multipliziert, indem statt einer gleich 25 Rechtsordnungen potenziell relevant werden.

Zahlreiche weitere Probleme, die mit der Dienstleistungsrichtline ohne Not aufgeworfen werden, liegen im Detail – beispielsweise in Art. 15 Abs. 2 Alt. b und c des Kommissionsentwurfes der Dienstleistungsrichtline. Alternative b beispielsweise unterwirft »Anforderungen, die vom Dienstleistungserbringer eine bestimmte Rechtsform verlangen, namentlich das Erfordernis eine juristische Person, eine Personengesellschaft, eine Gesellschaft ohne Erwerbszweck oder eine Gesellschaft, deren Anteilseigner ausschließlich natürliche Personen sind, zu sein« spezifischen Rechtfertigungserfordernissen. Diese Vorschrift zielt einerseits darauf, selbstständige Tätigkeiten gegenüber Organisationen gleichzustellen und damit nicht selten prekäre Arbeitsformen (Stichwort: Pflegehilfskräfte aus Osteuropa) zu befördern. Sie zielt darüber hinaus auch darauf, die starke Stellung gemeinnütziger Träger von Sozial- und Gesundheitsdienstleistungen zu unterminieren. Ihnen wird in Deutschland ein besonderer steuerrechtlicher Status eingeräumt: der der Gemeinnützigkeit. Obwohl dieser Status kein Privileg ist, sondern seinerseits an weitreichende Verpflichtungen gebunden ist, wird dieser Status als Diskriminierung ausländischer und/oder kommerzieller Leistungsträger angesehen.[6] Diesen vorgeblichen Barrieren sagt die Dienstleistungsrichtlinie den Kampf an und stellt damit die nicht-profitorientierten Dienste in Frage.

Alternative c wiederum unterwirft »Anforderungen im Hinblick auf die Beteiligungen am Gesellschaftsvermögen, insbesondere eine Mindestkapitalausstattung für bestimmte Tätigkeiten oder den Besitz besonderer Berufsqualifikationen für die Anteilseigner oder das Führungspersonal« besonderen Rechtfertigungserfordernissen. Die in Deutschland geltenden Regelungen in diesem Bereich bestehen aus guten Gründen. So dient eine Mindestkapitalausstattung nicht nur der Sicherstellung der Kontinuität der Leistungserbringung, sondern auch der Absicherung möglicher haftungsrechtlicher Ansprüche. Die Festlegung besonderer Qualifikationserfordernisse wiederum dient der Sicherung der Qualität. Diese Normen sind keine Handelsbeeinträchtigungen, sondern im Gegenteil notwendige Rahmenbedingungen für angemessene Dienstleistungen im Sozialbereich.

---

[6] Vgl. dazu u.a. Helios 2005.

Auch wenn es auf den ersten Blick nicht einleuchten mag: Im Interesse insbesondere der zahlreichen gemeinnützigen Non-Profit-Organisationen im Dienstleistungssektor müssen nicht nur der Gesundheits- und Sozialsektor vom Anwendungsbereich der Dienstleistungsrichtlinie ausgenommen werden, sondern auch das Lotteriewesen. Die staatlichen Glücksspielgesellschaften und Lotterien wie die Aktion Mensch e.V. und die Glücksspirale haben angesichts knapper werdender Steuermittel eine wichtige Funktion für die Förderung von sozialen Projekten. Dies betrifft insbesondere den Bereich der Hilfen für behinderte Menschen. So ist die Aktion Mensch e.V. (ursprünglich: Aktion Sorgenkind e.V.) selbst ein gemeinnütziger Verein, der aus den Lotterieerlösen Einrichtungen und Maßnahmen gemeinnütziger Träger für Menschen mit Behinderungen fördert, während ein Teil der Erträge aus der staatlichen Glücksspirale für gemeinnützige Einrichtungen und Maßnahmen insbesondere im Bereich der Rehabilitation und Gesundheit verwandt wird. Die staatliche Kontrolle des Glücksspielbereichs einschließlich einer strengen Zulassungsbegrenzung würde durch die Dienstleistungsrichtlinie ausgehebelt werden. Aus diesem Grund muss auch der Glücksspielbereich aus dem Anwendungsbereich der Dienstleistungsrichtlinie ausgenommen werden – eine Notwendigkeit, die auch der Binnenmarktausschuss des Parlaments betont.

Sozial- und Gesundheitsdienstleistungen gehören nicht in die Dienstleistungsrichtlinie!

Es ist offensichtlich, dass die Dienstleistungsrichtlinie in ihrer bisherigen Form ein ungeeignetes Instrument ist, um mehr als einen Binnenmarkt zu erzeugen, der für alle nicht-wirtschaftlichen Faktoren blind ist. Dies gilt in besonderer Weise für die Dienstleistungen im Sozialbereich. Die daraus resultierende Forderung kann aus den genannten Gründen nur sein, dass Sozial- und Gesundheitsdienstleistungen insgesamt vom Anwendungsbereich der Dienstleistungsrichtlinie ausgenommen werden. Diese Forderung entspricht auch dem Subsidiaritätsgrundsatz und folgt nicht zuletzt aus dem EG-Vertrag selbst, der in Artikel 152 Abs. 5 die Kompetenz für die Organisation des Gesundheitssystems und der sozialen Dienste ausdrücklich bei den Mitgliedsstaaten belässt. Die Dienstleistungsrichtline ignoriert diese Kompetenzzuschreibung ebenso wie die Bemühungen der Kommission um die Schaffung eines Rechtsrahmens für Dienstleistungen von allgemeinem Interesse und eine Fülle anderer bestehender Regelungen (z.B. die Zweigniederlassungsrichtlinie und die Entsenderichtlinie). Diese spezielleren Regelungen sind den allgemeinen, oftmals unbestimmten und Abgrenzungsfragen provozierenden Regelungen der Dienstleistungsrichtlinie vorzuziehen. Die Debatte um die Dienste von allgemeinem Interesse darf nicht durch pauschale Regelungen der Dienstleistungsrichtlinie determiniert werden.

Offenkundige Abgrenzungsprobleme bestehen beispielsweise bei der Unterscheidung zwischen Dienstleistungs- und Niederlassungsfreiheit. Diese Unklarheiten haben dazu geführt, dass auch bei Wirtschafts- und Sozialverbänden zum Teil der Eindruck entstanden ist, eine Dienstleistungsrichtlinie würde ihre Arbeit kaum berühren. So wurde argumentiert, dass das Errichten einer Niederlassung automatisch dazu führt, dass der Anbieter vollständig den Vorschriften des Ziellandes unterliege, da das Herkunftslandprinzip nur für vorübergehend angebotene Dienstleistungen gelten soll. Der rechtlich belanglose FAQ-Katalog der Europäischen Kommission suggeriert ebenfalls, dass die Dienstleistungsrichtlinie in der Regel keine Bedeutung habe: »Für Dienstleistungen, die mittels einer Niederlassung in einem anderen Mitgliedstaat erbracht werden, ist das Herkunftslandprinzip nicht anwendbar, sie müssen allen einschlägigen Vorschriften in diesem Mitgliedstaat genügen. Als Niederlassung in einem anderen Mitgliedstaat gilt die Schaffung einer festen Einrichtung, wie beispielsweise eines ständigen Büros oder anderer Räumlichkeiten (z.B. eine Arztpraxis, ein Labor, ein Krankenhaus, eine Agentur oder ein Consulting- oder Ingenieurbüro), mittels der die wirtschaftliche Tätigkeit ausgeübt wird (Artikel 4 Absatz 5).« Im vorgelegten Vorschlag der Kommission steht jedoch etwas ganz anderes: Dort findet sich unter Nr. 19 folgende Klarstellung: »Der vorübergehende Charakter der Dienstleistung sollte nicht die Möglichkeit für den Dienstleistungserbringer ausschließen, sich im Bestimmungsmitgliedstaat mit einer bestimmten Infrastruktur (wobei es sich auch um ein Büro, eine Kanzlei oder eine Praxis handeln kann) auszustatten, soweit diese für die Erbringung der betreffenden Leistung erforderlich ist« (Kommission 2004: 36). Die Konsequenz dieser Regelung ist, dass ein munteres »Ausflaggen« von Einrichtungsträgern in Staaten mit niedrigen Standards möglich würde – eine absehbare Konsequenz, die durch andere Artikel der Dienstleistungsrichtlinie zusätzlich erleichtert wird.

Die Verlautbarungen der Kommission belegen inzwischen, dass man über grundlegende Korrekturen nachdenkt. Beschlossen ist jedoch noch nichts. Vor verfrühtem Optimismus sei deshalb gewarnt. Der Sozial- und Gesundheitssektor gehört zu den wenigen Dienstleistungsbereichen, die auch weiterhin wachsen werden. Die demografische Entwicklung und die abnehmende Bedeutung von familiären Netzwerken werden dazu führen, dass dieser Markt für ausländische Anbieter auch weiterhin höchst interessant ist. Insbesondere der deutsche Markt gewinnt dabei an Attraktivität, weil das vergleichsweise egalitäre Sozialsystem noch ein relativ hohes Leistungsniveau garantiert. Gemeinnützige und öffentliche Anbieter sozialer Dienstleistungen sehen sich deshalb verstärkt Anfechtungen privater Konkurrenten ausgesetzt. Der Druck hin zu einer weiteren Liberalisierung wird zunehmen, und das Versprechen niedrigerer Sozialausgaben und steigender Beschäftigungszahlen in diesen Bereichen ist für jede Bundesregierung attraktiv. Der Ausgang des Prozesses ist daher noch längst nicht klar.

Zum weiteren Verfahren: Der Richtlinienentwurf der Kommission liegt derzeit beim Europäischen Parlament, welches im Mitentscheidungsverfahren gemäß § 251 EGV substantielle Rechte hat. Der Binnenmarktausschuss des Europäischen

Parlaments hat im November 2005 über die über 1.000 Änderungsanträge entschieden und dabei Änderungen am Kommissionsentwurf der Dienstleistungsrichtlinie vorgeschlagen. Dennoch konnten sich die konservativen und liberalen Befürworter der Dienstleistungsrichtlinie in der Abstimmung im Ausschuss weitgehend durchsetzen. So wird das Herkunftslandprinzip grundsätzlich beibehalten. Seine Reichweite wurde jedoch abgeschwächt und Ausnahmen zugelassen, wenn es aus Gründen des Gesundheits- oder Umweltschutzes oder der öffentlichen Sicherheit notwendig ist und sich das Zielland auf Regelungen zur Ausübung der Dienstleistung beschränkt, während die grundsätzliche Zulassung weiter nach dem Herkunftslandprinzip entschieden werden soll. In dem Bereich, in dem Ausnahmen zugelassen sind, dürfen diese künftig auch durch die Behörden im Zielland kontrolliert werden. Obwohl der Vorschlag der Kommission dadurch abgemildert wurde, reichen die Ausnahmebestimmungen nicht aus. Sie schaffen durch auslegungsbedürftige Formulierungen Rechtsunsicherheit, wo Rechtssicherheit notwendig wäre. Die verbraucherfreundlichste Alternative ist deshalb nicht, für weitere Ausnahmen einzutreten, sondern das Herkunftslandprinzip insgesamt abzulehnen.

Für den Bereich der Sozial- und Gesundheitsdienste sind noch weitere Änderungsvorschläge des Ausschusses von Bedeutung. So sollen die so genannten Dienste von allgemeinem wirtschaftlichen Interesse nach der Definition der Mitgliedsstaaten ausgenommen werden, soweit sie nicht im Wettbewerb erbracht werden. Da soziale Dienstleistungen in der Regel im Wettbewerb zwischen profitorientierten Anbietern sowie öffentlichen und frei-gemeinnützigen Trägern erbracht werden, würde nach den Vorschlägen des Ausschusses auch der weit überwiegende Teil der sozialen Dienstleistungen grundsätzlich in den Geltungsbereich der Dienstleistungsrichtlinie fallen.

Gesundheitsdienstleistungen sind dagegen generell von der Richtlinie ausgenommen, ungeachtet der Art ihrer Organisation und Finanzierung und ihres öffentlichen oder privaten Charakters. Die Leistungen von Krankenhäusern, Ärzten und anderen Tätigkeiten im Bereich der medizinischen Versorgung würden somit nicht unter den Anwendungsbereich der Dienstleistungsrichtlinie fallen. Auch der Bereich des Glücksspiels soll von der Dienstleistungsrichtlinie ausgenommen werden, so der Vorschlag des Ausschusses.

Dass diese Leistungen ausgenommen sind, bedeutet jedoch nicht, dass sie durch europäisches Recht nicht berührt werden. Da die Dienstleistungsrichtlinie für diesen Bereich keine speziellen Regelungen schafft, gelten die allgemeinen Regeln des EG-Vertrages, die im Streitfall durch den EuGH ausgelegt werden. Selbst ein »Nein« zur Dienstleistungsrichtlinie schafft deshalb noch längst keine Rechtssicherheit für die sozialen Dienstleistungen. Anzustreben wäre deshalb, dass für diesen Sektor eine eigenen Richtlinie auf den Weg gebracht wird, die den Besonderheiten dieses Bereichs gerecht wird und die hohe Standards für Umfang und Qualität der Sozialleistungen ermöglicht und befördert.

Es bleibt deshalb noch viel zu tun, wenn die Dienstleistungsrichtlinie nicht zu einer Belastungsprobe für die nationalen Sozialsysteme werden soll. Die Zeit dafür ist jedoch knapp bemessen. Die Abstimmung im Plenum des Parlaments wird voraussichtlich im Januar 2006 stattfinden, dazu muss der Ministerrat dem Entwurf seine Zustimmung geben. Ist dies erfolgt, geht der Vorschlag zur abschließenden zweiten Lesung zurück ins Europäische Parlament. Mit der Verabschiedung einer wie immer gestalteten Dienstleistungsrichtlinie ist nicht vor Mitte 2006 zu rechnen. Ab dem Zeitpunkt bleibt den Mitgliedstaaten dann noch Zeit, um die Regelungen in nationales Recht umzusetzen. Im bisherigen Entwurf der Dienstleistungsrichtlinie ist in Artikel 45 Abs. 1 ein Zeitraum von zwei Jahren dafür vorgesehen – soweit die Theorie.

Praktisch steht der Integrationsprozess heute erneut an einem Scheideweg. Im Frühjahr 2005 scheiterten innerhalb weniger Tage sowohl in Frankreich als auch den Niederlanden Abstimmungen über den Entwurf einer Europäischen Verfassung. Eine der wesentlichen Gründe für die dahinter stehende Europaskepsis der Bürgerinnen und Bürger ist die

Erkenntnis, dass das europäische Projekt sich gerade nicht zu einem Europa der Bürgerinnen und Bürger entwickelt, sondern zu einer großen Freihandelszone zu verkommen droht. Mühsam erstrittenen sozialen Standards wäre darin eine immer kürzere Halbwertszeit beschieden. Diese Bedenken waren auch maßgeblich dafür, dass sowohl die Experten bei der Anhörung des Bundestagsausschusses für Gesundheit und Soziale Sicherung als auch der Bundestag selbst in seinem Beschluss vom Juni 2005 eine grundlegende Überarbeitung des Kommissionsentwurfs gefordert haben. Die Bundesregierung ist deshalb in der Pflicht, ihren Einfluss in Europa geltend zu machen, um die Dienstleistungsrichtlinie in der geplanten Reform zu verhindern.

Die Bestrebungen in Rat und Kommission, auf das offenkundige Scheitern der Lissabon-Strategie, wonach Europa bis 2010 zum wettbewerbsfähigsten Wirtschaftsraum der Welt werden sollte, mit einer Forcierung der Liberalisierungsbemühungen zu reagieren, stimmen skeptisch. Es wäre eine bittere Ironie der Geschichte, wenn die Liberalisierung des Handels, die den Integrationsprozess weit vorangetrieben hat, zur Ursache für das Scheitern des europäischen Projekts würde.

Damit es dazu nicht kommt, muss der Einigungsprozess über die wirtschaftliche Dimension hinausgehen. Europa darf sich nicht nur über wirtschaftliche Freiheiten definieren, sondern muss auch soziale und politische Rechte anerkennen, schützen und gewähren. Die reflexartige Beschwörung eines europäischen Sozialmodells – was immer das sein mag – reicht nicht aus, um den berechtigten Ansprüchen der Europäerinnen und Europäer zu genügen. Die Europäische Grundrechtecharta könnte – wenn sie ggf. auch unabhängig von der Verfassung einklagbar würde – wegen der darin enthaltenen sozialen Rechte[7] ein Beitrag sein, die bestehende Asymmetrie zwischen wirtschaftlicher Freiheit und sozialer Gerechtigkeit zu beenden. Die Dienstleistungsrichtlinie ist es ganz sicher nicht.

---

[7] Vgl. Rock 2003; Schulte 2005.

Literatur

Däubler, Wolfgang (1999): Die soziale Dimension des europäischen Binnenmarktes. In: Weidenfeld, Werner 1999 (Hrsg.): Europa-Handbuch. Bonn, S. 522-536.

Kommission der Europäischen Gemeinschaften (2004): Vorschlag für eine Richtlinie des Europäischen Parlaments und des Rates über Dienstleistungen im Binnenmarkt. KOM (2004) 2 endgültig/2. Brüssel, den 25.2.2004.

Böckenförde, Ernst-Wolfgang (1999): Staat Nation Europa. Studien zur Staatslehre, Verfassungstheorie und Rechtsphilosophie. Frankfurt am Main.

Helios, Marcus (2005): Steuerliche Gemeinnützigkeit und EG-Beihilfenrecht. Hamburg.

Rock, Joachim (2003): Soziale Grundrechte im Entwurf einer Europäischen Verfassung. In: Zeitschrift für Sozialreform, Heft 6/2003, S. 887ff.

Schulte, Bernd (2005): Perspektiven des Sozialstaats in Deutschland und Europa. In: Rock, Joachim (Hrsg.) (2005): Sozialpolitik mit Zukunft. Eine Streitschrift gegen die weitere Entsolidarisierung der Gesellschaft. Hamburg, S. 158ff.

Klaus Dräger

Sozial oder marktradikal?

Die Zukunft der Dienstleistungen im Europäischen Binnenmarkt

Am 22. November 2005 hat der federführende Binnenmarktausschuss des Europäischen Parlaments die Katze aus dem Sack gelassen: der fatale Entwurf der Europäischen Kommission soll weitgehend ungerupft bleiben. Die beschwichtigenden Meldungen der Medien vom Sommer 2005 (»Die Richtlinie ist vom Tisch«), die heroischen Posen des französischen Staatspräsidenten Jacques Chirac und des deutschen Bundeskanzlers Gerhard Schröder vom Sommer und Herbst 2005 (»Nicht mit uns«) und das einlullende Gerede von Industriekommissar Günter Verheugen (»Die Kommission wird für eine gerechte Balance zwischen Marktöffnung und dem Erhalt des Europäischen Sozialmodells sorgen«) – all dies ist Schnee von gestern.

Das Herkunftslandprinzip als einen strategischen Kernpunkt des Richtlinienentwurfs will die Ausschussmehrheit von Konservativen, Liberalen und nationaler Rechten nur bedingt abmildern. So sollen Länder, in denen Dienstleister aus anderen EU-Mitgliedstaaten im Rahmen des freien Dienstleistungsverkehrs tätig werden, auf die Einhaltung ihrer nationalen Bestimmungen bestehen können, sofern dies dem Schutz der öffentlichen Sicherheit und Ordnung, dem Schutz der Volksgesundheit oder der Umwelt dient.

In vielen relevanten Fragen (von Qualitätsstandards, Zertifizierungen bis hin zu Werbung und Verbraucherschutz) sollen für Dienstleister bei vorübergehender Tätigkeit in einem anderen Mitgliedstaat aber weiterhin die Vorschriften ihres Herkunftsmitgliedstaates gelten. Dabei soll nun das Bestimmungsland kontrollieren, ob diese Vorschriften des Herkunftslandes auch eingehalten werden. Doch selbst die Behörden einer mittleren europäischen Großstadt sind wohl kaum in der Lage, die Gesetze und branchenspezifischen Vorschriften aller bald 27 EU-Staaten für die vielfältigen Dienstleistungsbereiche zu kennen und im Einzelfall korrekt anzuwenden und zu kontrollieren. Die Folge dieser vom Binnenmarktausschuss vorgeschlagenen Regelungen wären weiterhin Wildwestverhältnisse im Dienstleistungsbinnenmarkt, welche jede wirksame Wirtschaftsaufsicht unmöglich machen.

Auch den Geltungsbereich der Richtlinie will die Mehrheit des Binnenmarktausschusses deutlich weniger einschränken, als es die Berichterstatterin Evelyne Gebhard (SPD) vorschlug. Ausgenommen werden Rundfunk und audiovisuelle Dienste, Gesundheitsdienste, Finanzdienste, Geldtransporte, Glücksspiele, Notare sowie jene Leistungen der öffentlichen Daseinsvorsorge, die nicht dem Wettbewerb unterliegen. Damit wären aber Dienstleistungen z.B. im öffentlichen Nahverkehr, der Abfallwirtschaft und viele andere, die in Ausschreibungsverfahren vergeben werden, von der Richtlinie weiterhin erfasst.

Im Beschluss des Binnenmarktausschusses wird zu Recht gefordert, dass das Arbeits- und Sozialrecht der Mitgliedstaaten durch die Richtlinie nicht berührt wird. Konservative und Liberale behaupten, dass damit die Gefahr eines Sozialdumpings ausgeschlossen sei. Dies ist aber zu bezweifeln.

Für Leih- und Zeitarbeitsfirmen soll weiterhin das Herkunftslandsprinzip gelten. In Ländern ohne Mindestlohnregelungen wie Deutschland ist damit Lohndumping nicht auszuschließen. Ansonsten entsteht ein Druck zur Absenkung der Löhne in Richtung des Mindestlohns.

Die Kommission hat im Rahmen ihres Programms zur Rücknahme von ausstehenden Richtlinien (Teil der Lissabon-Strategie, »better regulation«) angekündigt, dass sie die bereits im Rat beratene Richtlinie zu den Beschäftigungsbedingungen von Zeitarbeitern »überprüfen« will. Im Rat besteht eine Blockade, die bislang die Annahme dieser Richtlinie verhindert hat. Die Kommission stellt ihr Ansinnen der »Überprüfung« in den Zusammenhang mit der Dienstleistungsrichtlinie. Dies deutet darauf hin, dass es nicht einmal EU-Mindeststandards zu den Beschäftigungsbedingungen zur Zeitarbeit geben soll (oder schwächere als im vorgeschlagenen Richtlinienentwurf), so dass hier ein Einfallstor für Sozialdumping aufgemacht wird.

Die von der Kommission vorgeschlagenen Bestimmungen zur Deregulierung des Niederlassungsrechts und des Verbots von Auflagen und Anforderungen der Mitgliedstaaten lässt der Binnenmarktausschuss weitgehend unangetastet. Der Trend ist eindeutig: der Kommissionsentwurf soll in einigen Punkten abgemildert, in seinen strategischen Kernpunkten aber erhalten werden. Dass einige Sozialdemokraten dem Bericht trotzdem in der Endabstimmung zustimmten und sich andere enthielten – unter ihnen die Berichterstatterin Evelyne Gebhardt – lässt für die Erste Lesung im Plenum des Europäischen Parlaments im Februar 2006 nicht viel Gutes erwarten.

»Im wirklichen Leben läuft es aber nur selten so glatt«

Das Projekt eines EU-Dienstleistungsbinnenmarkts bis 2010 soll also nach wie vor auf dem Weg marktgetriebener Standortkonkurrenz verwirklicht werden. Die Kosten der Dienstleistungsbranchen würden nach herrschender Lehrmeinung aufgrund entfallender Wettbewerbsschranken und gesteigerten Handels mit Dienstleistungen deutlich sinken. Damit könnten auch die Preise für Dienstleistungen fallen und sich nach unten angleichen. Die Verbraucher könnten umgekehrt für den gleichen Geldbetrag mehr Dienstleistungen nachfragen. Dies setze einen dynamischen Prozess von Wachstum und Beschäftigung in Gang, von dem vor allem kleine und mittlere Unternehmen (KMU) profitieren würden.

Nach dem gleichen einfachen Strickmuster wurde bereits in den 1980er Jahren für den EG-Binnenmarkt '92 argumentiert. Mitte der 1990er Jahre frohlockte die Europäische Kommission, der Europäische Binnenmarkt für Güter habe neun

Millionen neue Arbeitsplätze geschaffen. Unabhängige empirische Studien, welche die Kommission in Auftrag gegeben hatte, kamen zu einem deutlich anderen Ergebnis. Zwischen 1985/86 und 1994 entstanden per Saldo nur zwischen 300.000 und 900.000 neue Arbeitsplätze durch den Binnenmarkt. Die Erwerbslosenquote verharrte im EG-Durchschnitt bei 10-11%. Eine europaweite Angleichung der Preise fand nicht statt, das Wirtschaftswachstum stagnierte bei flauen 2%. Diese kaum ermunternden Ergebnisse kommentierte die Kommission 1997 recht lapidar: »Im wirklichen Leben läuft es aber nur selten so glatt.« Dies dürfte erst recht für die jetzt geplante totale Liberalisierung gelten. Insbesondere die mit heißen Versprechen umgarnten kleinen und mittleren Unternehmen mit Qualitätsdienstleistungen werden auf der Verliererstraße enden: von oben platt gemacht durch fusionierte multinationale Dienstleistungskonzerne, von unten bedrängt durch die Schmutzkonkurrenz windiger Dumpingfirmen.

Die Europäische Kommission und die Wirtschaftsverbände wollen uns weismachen, es gebe nur die Wahl zwischen zwei einfachen Alternativen: Entweder Europa setzt seinen bisherigen Weg fort, mit hoher Arbeitslosigkeit und einem »unterentwickeltem« Dienstleistungssektor – oder es folgt den USA auf einem Pfad expandierender privatwirtschaftlicher Dienstleistungen, größerer sozialer Ungleichheit, Niedriglohnbeschäftigung und längeren Arbeitszeiten, was dann eine geringere Arbeitslosigkeit nach sich ziehe.

Von Skandinavien lernen heißt ...?

Jüngere vergleichende Forschungen über die Entwicklung des Dienstleistungssektors in zehn EU-Ländern (Bosch et al. 2001) kommen allerdings zu dem Ergebnis, dass es im »wirklichen Leben« tatsächlich nicht so simpel ist. Sie fanden heraus, dass es in Europa recht unterschiedliche nationale Modelle des tertiären Strukturwandels gibt, die eng mit den unterschiedlichen nationalen Ausprägungen des Wohlfahrtsstaats zusammenhängen. Die Ökonomien der skandinavischen Länder Schweden, Dänemark, Norwegen und Schweden können sowohl mit einem hohen Anteil des Dienstleistungssektors an Beschäftigung und Wertschöpfung aufwarten als auch mit einer höheren Erwerbsquote als die USA, und dies bei geringerer sozialer Ungleichheit. Die Dienstleistungsbereiche mit den höchsten Beschäftigungszuwächsen in den zehn untersuchten europäischen Ländern waren im übrigen Gesundheits- und soziale Dienste, unternehmensbezogene Dienstleistungen, Bildung und Erziehung, Computer- und IT-Dienste, und dann erst z.B. Hotelgewerbe und Einzelhandel.

Es sind damit in hohem Maße qualifizierte Dienstleistungstätigkeiten mit einem Ausbau von Arbeitsplätzen und immer noch stark ausgebauten öffentlichen Diensten verbunden (Heintze 2005). Selbst bei den von der Kommission so innig betonten Vergleichen der »internationalen Wettbewerbsfähigkeit« rangieren die skandinavischen Länder stets weltweit auf den ersten sieben Plätzen, deutlich vor Großbritannien, und Finnland sogar vor den USA.

Es scheint also durchaus möglich, einen hochwertigen Pfad im tertiären Strukturwandel einzuschlagen, statt einfach dem US-Modell zu folgen. Dabei entsteht eine positive Wechselwirkung zwischen der Herstellung qualitativ hochwertiger Güter, hoher Dienstleistungsqualität und ordentlichen Beschäftigungsbedingungen wie guter Bezahlung, hohem Sozialschutzniveau und guter Qualifikation. Die Grundlage hierfür gibt ein institutionelles und regulatorisches Umfeld, das langfristige Investitionsperspektiven sowohl in Güter- als auch in Dienstleistungsbranchen eröffnet.

Die Rolle des öffentlichen Sektors für die Dienstleistungsgesellschaft

Während die Erfolge der skandinavischen Länder bei Bildung, Gleichstellung der Geschlechter, Beschäftigung und Innovation deutlich mit ihrem immer noch starken Angebot öffentlicher Dienstleistungen zusammenhängen, spielen letztere im EG-Vertrag und den wirtschaftspolitischen Konzepten der EU-Institutionen nur die Rolle einer »Restgröße«, welche dem Imperativ des marktwirtschaftlichen Wettbewerbs zu weichen hat. Kurzum: Die EU verfügt über keine Konzeption öffentlicher Güter und der Rolle öffentlicher Dienste in der europäischen Ökonomie.

Öffentliche Dienste und Leistungen der öffentlichen Daseinsvorsorge sind ein unverzichtbares Instrument, um die Grundrechte jeder und jedes Einzelnen in pluralistischen Demokratien zu gewährleisten sowie den sozialen und territorialen Zusammenhalt der Gesellschaft zu fördern. Wer vom Zugang zu sauberem Trinkwasser, Elektrizität, Gesundheitsversorgung, Transportmitteln, Kommunikation, öffentlichen Medien, Bildung, sozialen Diensten usw. abgeschnitten oder darin erheblich beeinträchtigt ist, kann die garantierten Grundrechte im Rahmen einer demokratischen Teilhabe am gesellschaftlichen Leben schwerlich umfassend ausüben.

Die Bürgerinnen und Bürger können auf diese Dienste eben nicht verzichten, wenn der Markt sie nicht oder zu für sie unerschwinglichen Bedingungen bereitstellt. Eine flächendeckende Versorgung in gleichmäßiger Qualität ist auch dann sicherzustellen, wenn sie sich für private Unternehmen nicht rechnet. Ein Marktversagen kann sich die Gesellschaft in diesen elementaren Bereichen nicht leisten.

Investitionen in öffentliche Infrastrukturen weisen häufig sehr lange Amortisationszeiten und geringe Renditen auf. Privatunternehmen würden daher nur unzureichend investieren oder aber eine Monopolstellung zu erreichen versuchen, die ihnen bessere Renditen garantiert. Beides hat negative wirtschaftliche und soziale Folgen, die zu vermeiden sind. Öffentliche Dienste, Infrastrukturen und Leistungen der Daseinsvorsorge (z.B. Bildung, Transport, ein präventives Gesundheitswesen usw.) tragen andererseits erheblich dazu bei, die Effektivität, Effizienz und Innovationsfähigkeit der Wirtschaft zu verbessern. Ihre Ausgestaltung muss primär unter dem Gesichtspunkt ihrer Funktionsfähigkeit erfolgen, demokratisch legitimierte gesellschaftliche Aufgaben zu erfüllen und das öffentliche Interesse zu verwirklichen. Dies beinhaltet auch die Achtung des Rechts auf staatliche Eigenleistung (so genannte Inhouse-Dienste) unter Beachtung des Subsidiaritätsprinzips.

Die EU muss sich vor diesem Hintergrund zunächst einmal zwei zentralen Herausforderungen stellen:

1. Eine umfassende Evaluierung der Ergebnisse der Marktöffnung in den bisher EU-weit und nationalstaatlich liberalisierten Sektoren unter Kriterien wie Verbesserung der volkswirtschaftlichen Effizienz, der Verträglichkeit mit einer nachhaltigen Entwicklung, sozial- und beschäftigungspolitischer Aspekte, der Servicequalität, des Verbraucherschutzes, der Marktkonzentration und der Sicherstellung eines flächendeckenden, erschwinglichen und entsprechend neuer technologischer Möglichkeiten und gesellschaftlicher Bedürfnisse ausbaufähigen Universaldienstes von gleichmäßig hoher Qualität.
2. Eine Re-Regulierung der liberalisierten Sektoren unter Zugrundelegung der vorgenannten Anforderungen und ein Moratorium für weitere EU-Liberalisierungsprojekte.

Die EU muss sich ferner der Frage stellen, wie in einem europäischen Binnenraum ohne Grenzen öffentliche Güter reguliert werden müssen, deren Nutzen über Landesgrenzen und Regionen, Bevölkerungsgruppen und Generationen hinausreicht. Dafür gilt es, eine Konzeption *Europäischer Öffentlicher Güter* zu entwickeln. Dieses Konzept soll auch die Frage einschließen, wie öffentliche Güter durch Strukturen der öffentlichen Daseinsvorsorge nachhaltig und verteilungsgerecht erhalten und reguliert werden können.

In diesem Rahmen wäre dann zu fragen: Für welches »Dasein« sollen denn Dienste im öffentlichen Interesse Vorsorge leisten? Wie können Strukturen der öffentlichen Daseinsvorsorge erneuert, gestaltet und ausgebaut werden, damit sie eine nachhaltige Entwicklung optimal unterstützen können?

Ist es überhaupt sinnvoll, dass z.B. ein europaweiter Stromhandel von Lissabon bis Wladiwostok mit dem Ziel niedriger

Energiepreise durch die EU-Politik erzwungen wird? Oder wollen wir nicht vielmehr ein »Dasein« mit drastisch gesenktem Energieverbrauch, wozu Energiesparkonzepte und ein Energiemix aus Wind, Sonne und Biomasse beitragen könnten? Würde das aber nicht bedeuten, dass wir mittel- bis langfristig in sehr viel geringerem Maße eine spezialisierte, leitungsgebundene Energiewirtschaft brauchen – weil Hausgemeinschaften, Betriebe, Schulen etc. ihren Strom und ihre Wärme dezentral selber produzieren?

Wie stellen wir uns ein zukunftsfähiges Dasein in Bezug auf die Mobilität vor? Oder in Bezug auf die »wissensbasierte Gesellschaft«? Die EU braucht dringend eine Zukunftsdiskussion unter breiter Beteiligung der Bevölkerung, damit die offenkundigen Probleme und gesellschaftspolitischen Schäden der bisherigen Liberalisierungspolitik demokratisch bearbeitet und korrigiert werden können.

Demografischer Wandel: Mehr und besserer Sozialstaat gefordert

Die »demografische Herausforderung« spielt zu Recht eine prominente Rolle in der Diskussion über den »Strukturwandel zur Dienstleistungsgesellschaft«. Bis 2050 soll sich der Anteil von Menschen über 65 in Europa verdoppelt haben, danach wird die Bevölkerungszahl deutlich schrumpfen. Diese Entwicklung wird zur »demografischen Zeitbombe« aufgebauscht, welche eine Kostenexplosion verursache, der mit Kürzungen bei Renten, im Gesundheitswesen und der Pflicht zu mehr privater Eigenvorsorge begegnet werden müsse.

Allgemein gilt: Wenn die durchschnittliche Produktivitätsentwicklung der vergangenen hundert Jahre (1,4-1,7%) auch weiter aufrechterhalten werden kann, ist Europa auch in Zukunft in der Lage, selbst mit einem schrumpfenden Erwerbstätigenpotenzial genügend Reichtum zu produzieren, um eine adäquate materielle Lebenssicherung für Junge und Alte gleichermaßen zu gewährleisten (ver.di 2003). Erhalt und Gestaltung der sozialen Sicherungssysteme bei alternder und schrumpfender Gesamtbevölkerung sind kein Demografieproblem, sondern im Kern ein *Verteilungsproblem.*

Eine soziale Regulierung des EU-Binnenmarktes besteht bisher bestenfalls in Ansätzen (EU-Richtlinien zu sozialen Mindeststandards). Die wirklich relevanten Fragen lauten daher: Wie müssen die Arbeits- und Lebensbedingungen verändert werden, dass Menschen dauerhaft bis zum Erreichen des Rentenalters gesund und munter erwerbstätig sein können? Wie können wir den bei schrumpfender Gesamtbevölkerung notwendigen »Rückbau« z.B. von Siedlungsstrukturen usw. so gestalten, dass eine nachhaltige Entwicklung befördert wird? Welche sozialen und anderen Infrastrukturen und Dienstleistungen braucht eine Gesellschaft, in der der Anteil älterer und alter Menschen über einige Jahrzehnte beständig zunimmt? Wie können wir dafür sorgen, dass die Jüngeren gut qualifiziert sind und eine stabile Erwerbs- und Lebensperspektive erhalten? Statt immer mehr Stress und unternehmergerechter »Flexibilität« ist unter diesen künftigen Bedingungen eher Entschleunigung, Verteilungsgerechtigkeit sowie mehr soziale Gleichheit und individuelle Freiheit gefragt – statt mehr Ungleichheit und Marktzwang.

Unter dem Gesichtspunkt des demografischen Wandels muss für Industrie- wie Dienstleistungsarbeit gleichermaßen gelten, dass Arbeitsgestaltung und -organisation die Qualität der Arbeit fördern. Die Leistungsfähigkeit und Gesundheit der Einzelnen sowie ihre Teilnahme am sozialen Leben sind über das gesamte Arbeitsleben zu erhalten. Dies zielt zum einen auf Arbeitsanreicherung, lebensbegleitendes Lernen und Qualifizierung, auskömmliche Entgelte, Aufgabenintegration und mehr Autonomie in der Arbeit, die durch innovative und beteiligungsorientierte Organisation (»Gute Arbeit«) erreicht werden könnten. Zum anderen geht es um einen umfassenden Schutz vor physischer und psychischer Überlastung, ergonomische Mindeststandards und persönlichkeitsfördernde Arbeitsinhalte, die Stärkung kollektiver Mitbestimmungsrechte und von Beteiligungsrechten der einzelnen Beschäftigten.

Notwendig sind also konsistente *Leitbilder sozial nachhaltiger Organisation von Dienstleistungsarbeit* auf gesellschaftlicher und betrieblicher Ebene. Das weitgehende Fehlen dieser Leitbilder findet derzeit seinen deutlichsten Ausdruck im Mangel an qualifizierten Arbeitskräften in verschiedenen Dienstleistungsbranchen.

Der demografische Wandel erfordert zweitens einen Ausbau von Gesundheits- und sozialen Diensten, von Bildung, Erziehung und Kultur, verbunden mit hohen Qualitätsstandards. Erinnern wir uns: Die beschäftigungsintensiven sozialen und gesellschaftsorientierten Dienstleistungen sind im europäischen Vergleich eher dort besonders ausgeprägt, wo die Einkommensgleichheit stark entwickelt ist. Hier zeigt sich die positive Wechselwirkung von zunehmender Frauenerwerbstätigkeit und kompetenten Dienstleistungsangeboten. Professionalisierung bringt mehr für die Beschäftigung als billige Arbeitskräfte. Der Ausbau der sozialen Sicherung mit Sozialversicherungen, Steuerfinanzierungen und Umlagen war europäische »best practice« bei der Förderung gesellschaftsorientierter und sozialer Dienstleistungen.

Dabei ist klar: Ein Ausbau des Wohlfahrtsstaats mit erneuerten Strukturen ist nicht zum Nulltarif zu haben. Professionelle und qualifizierte Arbeit in gesellschaftsorientierten und sozialen Dienstleistungen muss auch gut bezahlt werden. Dennoch führen die schrillen Warnungen vor einer Kostenexplosion bei diesen Diensten auf den Holzweg. Denn die drastischen Kürzungen auf der Leistungsseite und die Ausweitung der Pflicht zur privaten Eigenvorsorge vermindern die Massenkaufkraft und das gesamtwirtschaftliche Nachfragepotenzial. Andererseits verteuert die Durchsetzung von Marktmechanismen häufig wiederum die Leistungen.

Die volkswirtschaftlichen Kostensenkungspotenziale bei Gesundheits- und sozialen Diensten werden hingegen kaum in den Blick genommen. So haben Gesundheitsförderung und Prävention ein hohes Potenzial zur Kosteneinsparung im Gesundheitswesen. Die WHO weist darauf hin, dass bis zu 80% der Krebserkrankungen und bis zu 50% der Herz-Kreislauf-

Erkrankungen durch verbesserte Prävention verhindert werden könnten. Andere verbreitete Erkrankungen (z.B. des Muskel-Skelett-Systems, psychosomatische Erkrankungen und Verhaltensstörungen) ließen sich ebenfalls durch verbesserte Prävention reduzieren. Ein verbesserter Arbeits- und Gesundheitsschutz am Arbeitsplatz könnte Einspareffekte von bis zu 25% bei den Gesundheitskosten erzielen. Durch integrierte präventive Strategien könnten die gesamtgesellschaftlichen Kosten langfristig also deutlich gebremst werden.

Ökologischer Umbau: die Rolle der Dienstleistungen

Eine weitere große Chance zum Ausbau der Dienstleistungen liegt im ökologischen Umbau der Industriegesellschaften. Aus ökologischer Sicht muss eine weitgehende Dematerialisierung der Wirtschaft erreicht werden: CO_2-Reduktion und Minderung des Einsatzes fossiler Primärenergieträger um 75% bis 2050, Verringerung des Rohstoffverbrauchs der Wirtschaft um 90%, vorsorgende Chemiepolitik und Entgiftung der Produktion, Kontrolle bzw. Auslaufen von Risikotechnologien, Atomausstieg, drastische Trendumkehr bei Verkehrswachstum und intensivierter Flächennutzung, Erhalt der biologischen Vielfalt.

Dies erfordert unter anderem ein umfassendes Stoffstrommanagement, welches beim »Hinweg« (Gewinnung der erforderlichen Rohstoffe und ihre Umwandlung in Produkte) eine Erhöhung der Ressourceneffizienz um den Faktor zehn anstrebt und den »Rückweg« (Abfälle, Wiederverwendung und -verwertung) deutlich optimiert. Instrumente hierfür sind die Durchsetzung des produktionsintegrierten Umweltschutzes auf breiter Front und eine integrierte Produktpolitik, die schon bei Planung und Design von Produkten deren ökologische Auswirkungen bedenkt (geringer Rohstoff- und Energieeinsatz, Langlebigkeit, Umweltverträglichkeit etc.) und die ökologische Produktverantwortung der Hersteller (von der Produktion bis zur Entsorgung) eindeutig regelt (Verkauf von »Nutzen« statt von Gütern).

Werden ökologische und soziale Strukturreformen in der europäischen Wirtschaft eingeleitet, so erzeugt umweltgerechte Innovation neue Produkte, Verfahren, Infrastrukturen und Dienstleistungen: z.B. energiesparende Superfenster, Passiv-Solarhäuser, das »grüne Schiff«, Brennstoffzellen, Kraft-Wärme-Kopplungs-Anlagen unter Nutzung von festen oder gasifizierten Biomasse-Resten, Windkraftanlagen, Kleinwasserkraftwerke, Solarzellen, eine neue pflanzenbasierte Chemie, Ethnobotanik, Energierückgewinnung aus industrieller Abwärme, Energiespardienstleistungen, Mobilitätsdienstleistungen, den Übergang zu einer Solar-Wasserstoffwirtschaft, Bionik usw. Das Umsteuern erzeugt neue Nachfragepotenziale, die die europäische Wirtschaft umweltgerecht beleben können.

Eine ökologische Politik des Vermeidens erfordert dabei höhere Dienstleistungsanteile. Sie verstärkt die ohnehin schon vorhandene Tendenz, dass Güterherstellung auf einen kleineren Kernbereich schrumpft und die Dienstleistungen zunehmen. Langlebige Konsumgüter und viele Investitionsgüter sind dienstleistungsfähig, weil sie z.B. beim Konsum intensiver oder gemeinschaftlich genutzt werden und bezogen auf die Produktion stärker »Service« oder »Funktionen« statt Produkte verkauft werden. »Ökoeffiziente Dienstleistungen« zeichnen sich dadurch aus, dass sie den Stoff-, Energie- und Flächenverbrauch pro Nutzeinheit minimieren helfen (z.B. Car-Sharing-Agenturen, Mobilitätszentralen, Energiespardienstleistungen usw.). Sie erfordern hohe Kompetenz, häufig auch soziale Innovationen und Managementfähigkeiten, die das für diese Dienstleistungsart charakteristische Zusammenspiel von Dienstleistern und Wissenschaftlern, Ingenieuren, qualifizierten Facharbeitern oder Handwerkern ermöglichen. Innovation, Qualifizierung und Qualität der Arbeit lassen sich auch in diesem Bereich nur dann gewährleisten, wenn die Tätigkeiten gut bezahlt sind.

Der Ausbau qualitativ hochwertiger Dienstleistungen muss nicht notwendig dazu führen, dass die niedrig Qualifizierten dauerhaft aus der Erwerbsgesellschaft ausgeschlossen werden. Zum einen wird der Anteil gering qualifizierter Arbeitskräfte mit der Zeit abnehmen. Bei den Jugendlichen in der Bundesrepublik liegt er derzeit bei rund 10%. Diese Quote wird sich durch noch so viele Qualifikationsangebote kaum mehr drastisch verringern lassen. Doch auch für Geringqualifizierte gilt: Arbeitsplätze lassen sich anreichern und weniger monoton gestalten, voller tarif- und sozialrechtlicher Schutz und existenzsichernde Einkommen sind unabdingbar.

Neue Beschäftigungspotenziale wären durchaus in Sicht: eine Chemiewende in Richtung einer neuen Pflanzenchemie oder die Energiegewinnung aus gasifizierter Biomasse erfordern zum Beispiel Arbeiten, die auch mit niedriger Qualifikation geleistet werden können (Abernten der Pflanzen, Pelletieren von Biomasse etc.). Andere Beschäftigungsmöglichkeiten entstehen durch den Ausbau der ökologischen Landwirtschaft oder bei Recyclinghöfen sowie Forstwirtschaft und Naturschutz. Weitere Alternativen bietet der Ausbau eines öffentlich geförderten Beschäftigungssektors. Der Weg in eine »Dienstbotengesellschaft« von schlecht bezahlten Tüteneinpackern, Fahrstuhlbegleitern und Kundenbegrüßern ist weder die beste noch die einzige Alternative.

Frauenbeschäftigung und Dienstleistungen: Professionell statt billig

Gesellschaftspolitische Gestaltung des »tertiären Strukturwandels« muss auch die wachsende Erwerbstätigkeit von Frauen in den Blick nehmen. Die betriebliche Arbeitsorganisation nutzt das Arbeitsangebot von Frauen vielfach nur ungenügend. Wegen starker Arbeitsbelastung durch Erwerbsarbeit und Haushalt, niedriger Entlohnung und geringer gesellschaftlicher Anerkennung in vielen typisch »weiblichen« Dienstleistungstätigkeiten bleibt das Arbeitsangebot von Frauen sehr zurückhaltend. Umgekehrt ist die gesellschaftliche Organisation von Dienstleistungen häufig dafür verantwortlich, dass dieses ungenügend gefördert wird. Eine Schlüsselrolle spielt hier der Mangel an ausreichenden Kinderbetreuungsmöglichkeiten im Vorschul- und Schulalter oder bei der Pflege von Angehörigen sowie die Kanalisierung bedeutender Teile des weiblichen Arbeitsangebots in die Bahnen geringfügiger Beschäftigung.

Wenn man diese Lücke schließen will, muss man die institutionellen Voraussetzungen für eine stärkere Erwerbstätigkeit der Frauen und die Vereinbarkeit von Beruf und Privatleben für beide Geschlechter verbessern. Zwischen Frauenerwerbstätigkeit und gesellschaftsorientierten und sozialen Dienstleistungen gibt es eine positive Wechselwirkung: Mehr Frauen auf dem Arbeitsmarkt erhöhen sowohl die Nachfrage nach diesen Dienstleistungen als auch das Angebot an Arbeitskräften, die an der Aufnahme einer Tätigkeit nicht nur in diesen Bereichen interessiert sind.

Gesellschaftliche Gestaltung der Dienstleistungsarbeit erfordert eine Orientierung auf Qualität, verbriefte und verbesserte Ausbildung und den Abschied von der unbezahlten Aneignung von Qualifikationen, die auf mitgebrachten so genannten weiblichen Sozialisationseffekten beruhen. Erst so kann ein egalitäres Modell von Geschlecht und Arbeit zum Tragen kommen.

EU-Binnenmarkt: »Wettbewerbsfähigkeit« über alles?

Die künftige Gestaltung des EU-Binnenmarktes – sowohl für Güter als auch für Dienstleistungen – muss alle diese Aspekte gründlich reflektieren. Herzstück des Binnenmarktes muss immer die Angleichung der einzelstaatlichen Rechtsordnungen auf hohem Schutzniveau für ArbeitnehmerInnen, VerbraucherInnen und Umwelt sein. Dies erfordert eine Harmonisierung der Kernbereiche von Arbeits-, Sozial-, Qualitäts-, Verbraucher- und Umweltschutzstandards auf ausreichend hohem Niveau.

Es stimmt einfach nicht, dass Europa durch Harmonisierung auf hohem Niveau seine »Wettbewerbsfähigkeit« verlieren würde. Ähnlich wie die USA ist der große Wirtschaftsraum der EU 25 eine weitgehend geschlossene Binnenwirtschaft. Die Exporte und Importe der EU machen jeweils nur rund 10% des EU-Bruttoinlandsprodukts aus. Die bisherige Orientierung der europäischen Wirtschaftspolitik auf »internationale Wettbewerbsfähigkeit« ist vor diesem Hintergrund weder ökonomisch stichhaltig noch zielführend. Der Wettbewerbsdruck durch die »Kräfte der Globalisierung« ist im Wirtschaftsraum der erweiterten EU deutlich abgeschwächter, als wenn wir die Wirtschaften der Mitgliedstaaten als einzelne betrachten. Die Möglichkeit zu einer soliden Regulierung des EU-Binnenmarktes nach ökologischen und sozialen Kriterien ist vorhanden. Wird sie nicht genutzt, so werden der innereuropäische Wettbewerb, die von allen Fesseln befreiten Marktkräfte und die ungleiche Entwicklung der relativen Sozial-, Lohn-, Steuer- und Umweltstandards den Abwärtstrend beschleunigen.

Sowohl das Prinzip der gegenseitigen Anerkennung (Binnenmarkt für Güter) als auch das radikalere Herkunftslandprinzip (Binnenmarkt für Dienstleistungen) tragen den gebotenen gesellschaftspolitischen Anforderungen zur Förderung einer nachhaltigen Entwicklung nicht Rechnung. Sie verstärken vielmehr einen Druck zur Absenkung von Standards und die innereuropäische Standortkonkurrenz.

Es reicht daher nicht aus, Ausnahmeregelungen für einzelne Dienstleistungsbereiche vom Geltungsbereich der Richtlinie auszuhandeln und ihren strategischen Kern (Herkunftslandprinzip, Verbot von »Auflagen« der Mitgliedstaaten) weitgehend unverändert zu lassen. Selbst wenn das Herkunftslandprinzip nur für die kommerziellen Dienstleistungsbereiche gälte, wären die Folgen verheerend. Fallen aber das für die Kommission so wichtige Herkunftslandsprinzip und die Verbote von mitgliedstaatlichen Anforderungen an die Dienstleistungserbringer insgesamt, kann sie auch gleich ihren Richtlinienentwurf einstampfen. Worauf es jetzt ankommt, ist den Druck einer kritischen Öffentlichkeit für die Ablehnung der Richtlinie aufrechtzuerhalten zu verstärken. Eine öffentliche

Diskussion über alternative Zukunftspfade der Regulierung des EU-Binnenmarktes ist längst überfällig.

Literatur

Bosch, Gerhard et al. (2001): Beschäftigungswandel in Dienstleistungen, Befunde aus fünf Branchen und zehn Ländern, IAT Gelsenkirchen und Europäisches Gewerkschaftsinstitut EGI, Brüssel

Dräger, Klaus/Wagenknecht, Sahra (2005): Der Bolkestein-Hammer muss weg! Europa braucht zukunftsfähige Dienstleistungen, http://www.pds-europa.de/dokumente/studien/index.htm

Heintze, Cornelia (2005): Wohlfahrtsstaat als Standortvorteil. Deutschlands Reformirrweg im Lichte des skandinavischen Erfolgsmodells; http://www.memo.uni-bremen.de/sonstindex.html

Lehndorff, Steffen (2002): Hochwertige Dienstleistungen gibt's nicht zum Nulltarif. Wandel der Beschäftigung in Dienstleistungsbereichen – ein europäischer Vergleich; IAT-Report 2002-05

Spangenberg, Joachim (Hrsg.) (2003): Vision 2020. Arbeit, Umwelt, Gerechtigkeit – Strategien für ein zukunftsfähiges Deutschland, München

ver.di, Abteilung Wirtschaftspolitik (2003): Mythos Demografie, http://wipo.verdi.de/broschueren

Frank Bsirske

Die EU-Dienstleistungsrichtlinie – ein Angriff auf Löhne und Arbeitsplätze

EU-Dienstleistungsrichtlinie und Lissabon-Strategie

Die Europäische Dienstleistungsrichtlinie ist Teil des im März 2000 von den EU-Staats- und -Regierungschefs in Lissabon gefassten Beschlusses, die EU bis 2010 zum »wettbewerbsfähigsten und dynamischsten wissensbasierten Wirtschaftsraum der Welt« zu machen. Vor allem Konservative und Liberale in den verschiedenen EU-Gremien sehen hierzu in erster Linie eine Strategie: Liberalisierung, Deregulierung und Rückzug des Staates, kurz »mehr Markt« in allen Mitgliedsländern. Sie sind es auch, die beklagen, dass nationale Regierungen nicht, nur widerwillig, in jedem Fall aber viel zu langsam die geforderten neoliberalen Wirtschaftsreformen durchführen.

Gleichzeitig wächst in vielen EU-Ländern eine kritische bis feindliche Haltung gegenüber »der EU«. Statt der Herausbildung eines sozialen Europas fürchten immer mehr Menschen ein Europa, das zu einer Verschlechterung ihrer Lebens- und Arbeitsbedingungen führt. Sie verbinden Europa immer mehr mit Lohnsenkung, Abbau sozialer Standards und staatlicher Leistungen, Massenarbeitslosigkeit, zunehmender Polarisierung in Arm und Reich etc. In Frankreich und in den Niederlanden wurde die EU-Verfassung von den Bürgerinnen und Bürgern mit klarer Mehrheit abgelehnt. Sie haben damit zum Ausdruck gebracht, dass sie ein soziales Europa und ein Ende der neoliberalen Politik wollen. Auch in Deutschland hat diese Stimmung verhindert, dass die sicher geglaubte schwarz-gelbe Koalition mit ihrem wirtschaftsliberalen Programm zustande gekommen ist.

Die im Januar 2004 von dem damaligen EU-Kommissar Frits Bolkestein vorgelegte Dienstleistungsrichtlinie kann vor diesem Hintergrund als Versuch interpretiert werden, ein neoliberales Europa voranzutreiben – wenn schon nicht »von unten« über die Mitgliedsländer, dann eben »von oben« über eine EU-Richtlinie. Ziel dieser Richtlinie zum »Abbau der bürokratischen Hindernisse für die Wettbewerbsfähigkeit Europas« ist die Schaffung eines Binnenmarktes für Dienstleistungen bis 2010. Mit ihr sollen Hindernisse für die Niederlassungsfreiheit europaweit beseitigt werden, etwa spezifische rechtliche Anforderungen an die Erbringung von Dienstleistungen in einzelnen Mitgliedstaaten.

Im Mittelpunkt der Kritik steht das so genannte Herkunftslandprinzip. Es stellt einen wesentlichen Hebel zur Beseitigung sozialer Standards und nationaler Regelungen dar. Danach unterliegt »der Dienstleistungserbringer einzig den Rechtsvorschriften des Landes, in dem er niedergelassen ist«. Dies würde bedeuten, dass die Mitgliedstaaten die Erbringung von Dienstleistungen durch einen in einem anderen Mitgliedstaat niedergelassenen Anbieter nicht beschränken können. Damit würde ein radikaler Wettbewerb über die Menschen in den einzelnen Mitgliedstaaten hereinbrechen. In jedem EU-Land würden künftig bis zu 25 verschiedene Unternehmens-, Sozial- und Tarifrechtssysteme neben- und miteinander konkurrieren. Ein radikaler Unterbietungs- und Dumpingwettlauf wäre die Folge. Jene Mitgliedsländer wären im Vorteil, die die niedrigsten Standards bei den Löhnen, den Sozialleistungen, den Qualifikationsanforderungen etc. aufweisen und unter diesen Bedingungen in jedem anderen EU-Land antreten könnten.

Der öffentliche Protest zeigt Wirkung

Auch wenn EU-Gesetze und EU-Richtlinien für die Menschen weit weg und abstrakt erscheinen, gelang es den Gewerkschaften zusammen mit vielen Initiativen und engagierten Bürgerinnen und Bürgern, doch den Protest zu organisieren. Die öffentliche Diskussion in den Mitgliedstaaten und auch die Demonstration von 75.000 Menschen – Gewerkschafterinnen, Gewerkschafter und viele Menschen aus sozialen Bewegungen – aus ganz Europa am 19. März 2005 in Brüssel haben Eindruck auf die Kommission gemacht.

In einer politischen Erklärung der europäischen Staats- und Regierungschefs auf dem Frühjahrsgipfel der Europäischen Union in Brüssel am 22./23. März 2005 heißt es: »Die EU-Dienstleistungsrichtlinie darf nicht das europäische Sozialmodell in Frage stellen. Daher sollen nun alle Möglichkeiten innerhalb des Gesetzgebungsverfahrens genutzt werden, um Veränderungen an der Richtlinie vorzunehmen.« Vor allem der französische Regierungschef Jacques Chirac und der damalige deutsche Bundeskanzler Gerhard Schröder feierten diese Feststellung als ihren Erfolg.

Im Frühjahr 2005 verabschiedeten dann die Europäischen Sozialdemokraten, die Europäischen Grünen, aber auch die Europäische Volkspartei Beschlüsse gegen das Kernstück der EU-Dienstleistungsrichtlinie, das Herkunftslandprinzip. Auch eine Reihe von Regierungschefs meldeten zwischenzeitlich Bedenken gegen die Richtlinie an. Im Anschluss mehrten sich die Stimmen, die Dienstleistungsrichtlinie sei vom Tisch. Tatsächlich hatte die Kommission ihren Vorschlag weiter vorangetrieben und versucht, die Kritiker mit einer Reihe kleinerer, zum Teil lediglich begrifflicher Änderungen zur Zustimmung zu bewegen.

Gleichwohl verurteilte die konservative Presse diese Änderungen als Abweichungen vom rechten Weg wirtschaftsliberaler Tugenden: »Brüssel verwässert Dienstleistungsrichtlinie«, so titelte beispielsweise die WELT am 4. März 2005. Die EU-Kommission hätte bei der geplanten Liberalisierung des Dienstleistungsmarktes dem Druck aus Deutschland und Frankreich nachgegeben.

Die Realität sieht jedoch anders aus: Am 22. November 2005 wurde nach einer mehrstündigen Sitzung im federführenden Binnenmarktausschuss des Europäischen Parlaments über den Vorschlag zur EU-Dienstleistungsrichtlinie abgestimmt. Mit 25 Ja- und zehn Nein-Stimmen bei fünf Enthaltungen wurde ein nur leicht geänderter Entwurf angenommen. Damit haben sich Konservative und Liberale durchgesetzt: Öffentliche Dienstleistungen sind nach wie vor einbezogen und auch das umstrittene Herkunftslandprinzip blieb im Kern erhalten.

Die Abstimmung im Plenum des Parlaments ist für den 14. Februar 2006 vorgesehen. Danach wäre die Erste Lesung des Europäischen Parlaments abgeschlossen und der Ministerrat wäre gefordert, den Beschluss in eine rechtsverbindliche EU-weite Dienstleistungsrichtlinie zu gießen.

Hat Brüssel die Dienstleistungsrichtlinie verwässert?

Auch wenn einige Veränderungen in die richtigen Richtung vorgenommen wurden, sind die problematischen Kernbestimmungen des Entwurfs der Richtlinie erhalten geblieben:

1. Es bleibt beim Herkunftslandprinzip. Vorgenommene Änderungen sind vor allem semantischer Natur: Artikel 16, der vormals mit »Herkunftslandprinzip« überschrieben war, heißt nun »Verwaltungsvereinfachung bzw. freier Dienstleistungsverkehr«. Das gilt für die Zugangs- und Ausübungsvorschriften. Im Binnenmarktausschuss hat der Kompromissvorschlag der Hauptberichterstatterin Evelyn Gebhardt keine Mehrheit gefunden, wonach das Herkunftslandprinzip lediglich für die Zulassungsvorschriften gelten soll, die Dienstleister zumindest bei der Ausübung ihrer Dienstleistungen aber weiterhin den Bestimmungen des Ziellandes unterliegen. Insbesondere Abgeordnete der Europäischen Volkspartei (EVP) haben hieran aktiv mitgewirkt.

Dabei könnten die Risiken beträchtlich minimiert werden, wenn das Herkunftslandprinzip nur in europäisch harmonisierten Rechtsgebieten angewendet würde. Dies würde auch die Möglichkeit eröffnen, ein gemeinsames europäisches Sozialmodell zu entwickeln. Das Herkunftslandprinzip mit seiner konkurrierenden Funktion hat dagegen eine kontraproduktive Wirkung. Die hiermit verbundenen Risiken hinsichtlich Lohnhöhe, Sozialstandards, Arbeitsplätzen etc. sind kaum zu überschauen. Auch im harmonisierten Rechtsbereich muss das Arbeitsortprinzip, wonach die Bestimmungen des Ortes der Dienstleistungserbringung gelten, die Regel und das Herkunftslandprinzip die Ausnahme sein.

2. Auch die Kontrolle der Dienstleistungserbringer soll laut modifizierter Dienstleistungsrichtlinie weiterhin prinzipiell vom Herkunftsland wahrgenommen werden. Nur in den wenigen Bereichen, in denen es Ausnahmen vom Herkunftslandprinzip gibt und das Recht des Ziellandes gilt, soll auch das Zielland die Kontrolle ausüben. So soll ermöglicht werden, dass Mitgliedstaaten unter bestimmten Voraussetzungen die Einhaltung ihrer Vorschriften von den Unternehmen verlangen können. Dieses Recht bezieht sich allerdings nur auf Ausführungsvorschriften, die sich »unerlässlich« aus Gründen der öffentlichen Ordnung, öffentlichen Sicherheit, dem Gesundheits- und Umweltschutz ergeben. Damit werden andere öffentliche, vor allem soziale Dienstleistungen ausgeschlossen. Mit dem unbestimmten Rechtsbegriff »unerlässlich« wird darüber hinaus für Rechtsstreitigkeiten vor dem Europäischen Gerichtshof Tür und Tor geöffnet.

Für die Kontrolle der Einhaltung der Vorschriften des Herkunftslands wird es verständlicher Weise wenig Interesse im Herkunftsland geben. Im Zielland dagegen wird die Kontrolle unmöglich, da die Kontrollbehörden die Standards und Vorschriften aller 25 Mitgliedstaaten kennen müssten.

Eine effektive Kontrolle wird zusätzlich erschwert, weil keine Meldepflicht für die im Zielland zu erbringende Dienstleistung vorgesehen ist. Die Unternehmen sind nicht einmal verpflichtet, im Herkunftsland Dienstleistungen selber zu erbringen. Es genügt also ein wie immer ausgestalteter »Standort« für die Steuerung der Dienstleistungsangebote in anderen Mitgliedstaaten. Dies würde zweifellos dazu führen, dass die Sitze von Dienstleistern zur Umgehung von Zulassungsanforderungen in das Land mit den geringsten Anforderungen verlagert werden. Konjunktur hätten dann vor allem so genannte Briefkastenfirmen.

Verhindert werden könnte dies nur durch klare Bedingungen für eine Niederlassung. Zum Beispiel, indem nachzuweisen wäre, dass im Herkunftsland tatsächlich eine Wirtschaftstätigkeit stattfindet und nicht einfach eine Postadresse – eventuell angereichert mit geringfügiger Verwaltungsarbeit – dahinter steht. Absehbar wäre ein zusätzlicher Bürokratieaufbau und ein europaweiter Tourismus der Kontrolleure.

Unverzichtbar ist auch, dass die Kontrolle immer im jeweiligen Mitgliedsland liegt und eine Meldepflicht für Dienstleistungen aus einem anderen Mitgliedstaat besteht. Um jeglichen Missbrauch durch einfache Sitzverlagerung auszuschließen, muss jedoch klargestellt werden, dass diese Dienstleistung gleichzeitig im Niederlassungsstaat angeboten wird.

3. Neu ist, dass das Arbeitsrecht vom Herkunftslandprinzip ausgenommen werden soll. Dies ist eine grundsätzlich positiv zu wertende Modifikation des Binnenmarktausschusses. Entscheidend wäre jedoch, dass auch Tarif- und Mitbestimmungsrechte betroffen sein müssen. Genau dies ist jedoch nicht gewährleistet. Durch die Beibehaltung des Herkunftslandprinzips und bei fehlender Meldepflicht von Dienstleistungen aus anderen Mitgliedstaaten ist Lohndumping nur zu vermeiden, wenn das Entsendegesetz für alle Branchen lediglich in Verbindung mit allgemeinverbindlich erklärten Tarifverträgen und einem gesetzlichen Mindestlohn genutzt werden kann.

Durch das grundsätzliche Festhalten am Herkunftslandprinzip bleibt auch die erhebliche Rechtsunsicherheit bei der Frage der Unterscheidung zwischen Selbständigkeit und Arbeitnehmerstatus bestehen. Hier ist bei der Erbringung von Dienstleistungen der Willkür Tür und Tor geöffnet und eine effektive Kontrolle wird unmöglich.

4. Auch die Leiharbeit wird in den Geltungsbereich der Richtlinie einbezogen. Dies öffnet eine weitere Tür für Lohndumping in großem Stil. Die Leiharbeitsrichtlinie sollte gewährleisten, dass Leiharbeiter nach einer gewissen Zeit den

gleichen Lohn erhalten wie fest angestellte Arbeitnehmer im entleihenden Unternehmen.

Mit dem Vorschlag des Binnenmarktausschusses würde ohne weitere Reglementierungen gleichzeitig die Leiharbeitsrichtlinie obsolet werden. Beschäftigte müssen lediglich zu den Bedingungen des Entsendelandes entlohnt werden. Gleichen Lohn für gleiche Arbeit gibt es dann nicht mehr.

5. Die Ausführungen des Binnenmarktausschusses zur Daseinsvorsorge sind nach wie vor völlig unzureichend. So sind nun zwar die *D*ienstleistungen von *a*llgemeinem *I*nteresse *(DAI)* und so genannte staatliche Kernkompetenzen ausgenommen, die *D*ienstleistungen von *a*llgemeinem *w*irtschaftlichen *I*nteresse *(DAWI)* sind aber, soweit sie dem Wettbewerb unterliegen, weiterhin dem Herkunftslandprinzip unterworfen und nur teilweise von diesem Prinzip – wie die Energiebranche – ausgenommen worden. Das einzige Unterscheidungskriterium hierbei ist die Entgeltlichkeit. Jede Dienstleistung, die gegen Entgelt erbracht wird, soll nach dem momentanen Entwurf der EU-Dienstleistungsrichtlinie in ihren Anwendungsbereich fallen. Dabei wird nicht darauf eingegangen, ob die Entgelte für solche Dienstleistungen der Kostendeckung oder der Gewinnerzielung dienen, was zur Folge hat, dass weite Bereiche der öffentlichen Daseinsvorsorge unter die Definition der von der Richtlinie erfassten Dienstleistungen von allgemeinem wirtschaftlichen Interesse fallen. Auch das Kriterium der Gemeinwohlorientierung wird dabei völlig ausgeblendet.

Dienstleistungen von allgemeinem wie von allgemeinem wirtschaftlichen Interesse sind jedoch ein substantieller Bestandteil des europäischen Gesellschafts- und Sozialmodells. Qualitativ hochwertige gemeinwohlorientierte Dienstleistungen müssen gegen einen schrankenlosen Wettbewerb gesichert werden. Dies ist in der vorliegenden Fassung der Dienstleistungsrichtlinie gerade nicht gewährleistet. Sie kommt einer Einladung zur Liberalisierung gleich.

Der gesamte Bereich der öffentlichen Daseinsvorsorge muss wegen seiner grundlegenden Bedeutung für den sozialen Zusammenhalt einer Gesellschaft aus dem Geltungsbereich der Richtlinie und damit aus dem europäischen Wettbewerb ausgenommen werden. Dafür ist eine eigenständige Rahmenrichtlinie nötig, die der Gemeinwohlorientierung und der Qualität dieser Dienste Rechnung trägt. Ziel einer solchen Rahmenrichtlinie sollte sein, Dienstleistungen von allgemeinem wie von allgemeinem wirtschaftlichen Interesse zu schützen und zugleich das Funktionieren des Binnenmarkts zu garantieren. Dazu muss eine Verständigung über eine variable Bandbreite von Bereichen erreicht werden, die ihrer Natur nach als »nicht gewerblich« anzusehen sind und insofern besonderen Bedingungen am Binnenmarkt unterliegen. Wichtig ist hierbei, dass jeder zu erschwinglichem Preis Zugang zu hochwertigen Dienstleistungen von allgemeinem Interesse erhält sowie dass die Koordinierung und Zusammenarbeit zwischen den Mitgliedstaaten in diesem Bereich gefördert wird.

Die Abgrenzung nicht marktbezogener Dienstleistungen von allgemeinem wie von allgemeinem wirtschaftlichen Interesse gegen marktbezogene wirtschaftliche Aktivitäten muss anhand der Frage entschieden werden, ob der Zweck der Erbringung dieser Dienstleistungen gewerblicher oder nicht gewerblicher gemeinschaftsorientierter Natur ist. Zielt er auf Gewinnerzielung oder auf Kostendeckung? Wie steht es um die Verpflichtung zur Sicherung von sozialen Rechten? Und wie um den Bezug zu gesellschaftlicher Beteiligung? Dabei sollte nicht außer Acht gelassen werden, dass das europäische Gesellschaftsmodell eine Reihe gemeinsamer Prinzipien und Verpflichtungen enthält, die für die Sicherstellung eines ausreichenden Standards von Dienstleistungen von allgemeinem Interesse und damit auch für die Abgrenzung dieser Leistungen von Belang sind: Universalität, Kontinuität, Qualität, Effizienz, Chancengleichheit beim Zugang, Proportionalität, Erschwinglichkeit, Natur- u. Verbraucherschutz und – nicht zuletzt auch – demokratische Kontrolle der Erbringer sind hier zu nennen.

6. Eine Modifikation des Binnenmarktausschusses betrifft die Gesundheitsleistungen. Diese sollen von der Geltung der

Richtlinie ausgenommen werden. Die sozialen Dienste sind jedoch weiterhin erfasst. Da in einer Reihe von Mitgliedstaaten einzelne Gesundheitsleistungen mit zu den sozialen Diensten gezählt werden, sind somit jedoch keineswegs alle Gesundheitsdienstleistungen von der Geltung der Richtlinie ausgenommen. Hinzu kommt, dass auch soziale Dienste ein wesentlicher Teil der Daseinsvorsorge sind und im jeweiligen Mitgliedstaat nach dessen Kriterien und Standards gestaltbar bleiben müssen. Dabei müssen auch historisch gewachsene Strukturen (z.B. Wohlfahrtsverbände) in ihrem Bestand gesichert werden.[1]

Um Zweifelsfälle auszuschließen, müssen weitere Bereiche – vor allem Bildung und soziale Dienste – vom Anwendungsbereich der Richtlinie ausgeschlossen werden. Sie dürfen keinesfalls – wie vorgesehen – dem Herkunftslandprinzip unterliegen.

Erste Mobilisierungserfolge und wie es weitergehen muss

Bereits die angeführten Kritikpunkte zeigen den sozialen Sprengstoff, der in der Dienstleistungsrichtlinie steckt. Sollte sie in der vorliegenden Form kommen, droht eine Zuspitzung sozialer Konflikte, auch und vor allem zwischen Ost- und Westeuropäern. Die Wochenzeitung »Die Zeit« kommentiert den Sachverhalt Ende März 2005 treffend wie folgt: »Knapp ein Jahr, nachdem die Europäer die Aufnahme von zehn neuen Mitgliedern feierten, geht die Angst um. Lohn- und Sozialdumping wird befürchtet und dies bei einer ansteigenden Arbeitslosigkeit im alten Europa. In den vergangenen Monaten wurden 26.000 Mitarbeiter der deutschen Fleischwirtschaft durch osteuropäische Kollegen ersetzt. Etwa 331.000 Saisonarbeitskräfte aus Osteuropa kamen im vergangenen Jahr nach Deutschland. Pflegedienste, Wartung und Instandhaltung von

[1] Vgl. dazu auch den Beitrag von Joachim Rock in diesem Band.

Netzwerken, Müllentsorgung, Heil- und Hilfsberufe, Facility Management, Messebau, Zeitarbeitsunternehmen, Orchester, Theater, Bühnen – viele von ihnen kommen seit langem mit Saisonverträgen ins Land. Grobe Bilanz: Schätzungsweise 600.000 Arbeitskräfte aus Osteuropa sind schon in Deutschland beschäftigt.«

Für Unternehmen ergäben sich zweifellos »reizvolle« Möglichkeiten, ihre Kosten zu senken und damit ihre Gewinne zu steigern. Vor allem durch den Einsatz billiger Arbeitskräfte aus Osteuropa (s. Abbildung) und das Unterlaufen von Arbeitsbedingungen. Es genügt, in einem Mitgliedstaat mit niedrigen arbeitsrechtlichen Standards eine Tochtergesellschaft zu gründen und eigene Aufträge über diese Gesellschaft abzuwickeln. Weite Teile des deutschen Kündigungsschutzes, der Arbeits- und Sozialordnung oder der Arbeitszeitregelungen würden nicht mehr gelten. Im Bereich des Güterverkehrs auf der Straße und dem Wasser sind derartige Konstruktionen schon heute üblich. Und die bekannten Folgen – schlechte

Abbildung 1: Billigkonkurrenz
Arbeitskosten[1] im Dienstleistungsgewerbe 2002 in der EU-25

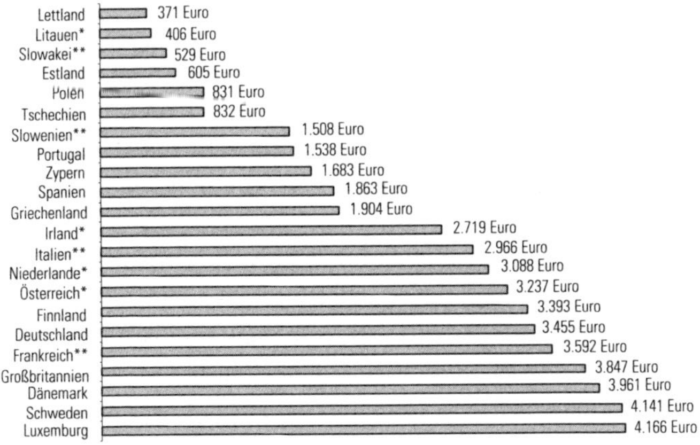

1) Alle Kosten, die mit der Beschäftigung eines Arbeitnehmers entstehen;
*2000; **2001; Belgien, Malta, Ungarn keine Angaben

Quelle: Die Zeit vom 31.3.2005 auf der Basis von OECD-Daten

Arbeitsbedingungen, Lohndumping, Verlust von Arbeitsplätzen und vermehrte Unfälle – stellen eine handfeste Warnung dar. So rechnet der Zentralverband des Deutschen Handwerks allein in seinem Zuständigkeitsbereich mit Verlusten von Hunderttausenden von Arbeitsplätzen in Deutschland.

In einem hat die Dienstleistungsrichtlinie allerdings ihr Gutes. Es gibt eine neue politische Debatte über ein soziales Europa. Das haben Gewerkschaften und soziale Bewegung gemeinsam geschafft. Noch im Herbst 2004 haben verschiedene politische Kräfte in der Bundesrepublik – darunter auch der ehemalige Wirtschaftsminister Clement – kein Interesse an einer öffentlichen kritischen Debatte gezeigt. Unter anderem die gemeinsame Veranstaltung von Gewerkschaften, Attac und dem Sozialverband Deutschland am 10. Dezember 2004 ermöglichte es, dass Kritiker der verschiedensten gesellschaftlichen Gruppen zu Wort kamen und mit der Bundesregierung und Vertretern des Europäischen Parlaments über die geplante EU-Dienstleistungsrichtlinie diskutieren konnten.

Im Verlauf des Jahres 2005 wurde die Kritik dann lauter. Gegenwärtig befinden wir uns inmitten einer breiten öffentlichen Debatte, wie ein soziales Europa der Zukunft aussehen soll. Immer deutlicher wird: Eine europaweite Marktöffnung von Dienstleistungen kann erst dann angegangen werden, wenn die Lebens- und Einkommensverhältnisse innerhalb Europas weitgehend auf ähnlichem Niveau sind. Und auch dann müssen wichtige Bereiche der öffentlichen Daseinsvorsorge als öffentliche Güter prinzipiell vor Privatisierungen geschützt bleiben.

Zunächst geht es aber darum, eine soziale Spaltung Europas und einen sinnlosen Standortwettbewerb zu verhindern. Deshalb muss das Arbeitsortprinzip weiterhin bestimmendes Prinzip bleiben und die öffentlichen Dienste in Europa müssen in öffentlicher und damit demokratisch-legitimierter Verantwortung bleiben. Ein europäisches Rahmengesetz, welches vom EU-Wettbewerbsrecht ausgenommen wird, muss dabei das Ziel sein. Denn Bürokratieabbau und Marktöffnung in

Europa können kein Selbstzweck sein. Das Wohl der Bürgerinnen und Bürger muss an oberster Stelle stehen. Fleischskandale und einstürzende öffentliche Gebäude auf der einen und steigende Preise auf einem liberalisierten Strommarkt auf der anderen Seite zeigen, dass die Freiheit des Marktes im Europa der Zukunft nicht alles sein darf.

Was bisher geschah und was noch passieren soll

Chronologie der wichtigsten Ereignisse

2004

13.1. Die EU-Kommission nimmt einen »Vorschlag für eine Richtlinie des Europäischen Parlaments und des Rates über Dienstleistungen im Binnenmarkt« von EU-Binnenmarktkommissar Frits Bolkestein an.

25.2. Die EU-Kommission präsentiert den Entwurf der Öffentlichkeit.

11.3. Der Vorschlag wird erstmals im EU-Rat für Wettbewerbsfähigkeit diskutiert.

23.3. In den Ratsarbeitsgruppen Binnenmarkt-Dienstleistungen sowie Wettbewerbsfähigkeit und Wachstum beginnen die laufenden Beratungen über den Richtlinienentwurf.

27.10. Interne Anhörung der SPD-Bundestagsfraktion, Arbeitsgruppe Wirtschaft und Arbeit, von Experten und Sozialpartnern der Kommunen.

11.11. Erste Anhörung im Europäischen Parlament im Rechts- und im Binnenmarktausschuss, wobei auch ExpertInnen und die Sozialpartner hinzugezogen und gehört werden.

2005

10.1. Die luxemburgische Ratspräsidentschaft legt eine konsolidierte Fassung des Richtlinienentwurfs vor. Er enthält alle bis dahin in den Gremien gemachten und mit Mehrheit angenommenen Änderungsvorschläge.

2.2. EU-Kommissionspräsident Manuel Barroso äußert sich zum Richtlinienentwurf so missverständlich (»So, wie sie war, hätte sie keinen Erfolg...«), dass diese Aussage fälschlicherweise als Zurücknahme interpretiert wird.

8.2. In der Ratsarbeitsgruppe Wettbewerbsfähigkeit und Wachstum stellt die EU-Kommission klar: die Dienstleistungsrichtlinie habe oberste Priorität auf der politischen Agenda. Der Vorschlag werde nicht zurückgezogen. Man werde aber intensive Gespräche mit den Mitgliedstaaten und dem Europäischen Parlament führen.

9.2. Mit überwältigender Mehrheit beschließt der Europäische Wirtschafts- und Sozialausschuss (EWSA) eine Stellungnahme, mit welcher der Richtlinienvorschlag scharf kritisiert wird. Die VertreterInnen der ArbeitnehmerInnen, der Klein- und Mittelbetriebe, der freien Berufe und der Konsumentenschützer sprechen sich gemeinsam gegen die generelle Einführung des Herkunftslandprinzips aus.

19.3. Aktionstag der europäischen Gewerkschaften in Brüssel gegen die Dienstleistungsrichtlinie mit einer großen Demonstration (mehr als 80.000 TeilnehmerInnen).

22./23.3. Der Europäische Rat der Staats- und Regierungschefs in Brüssel stellt fest, dass »die vorliegende Fassung des Richtlinienvorschlages den Anforderungen nicht in vollem Umfang gerecht wird« und das Europäische Sozialmodell gewahrt werden muss. Er kündigt die Überarbeitung der Richtlinie an, beschließt allerdings nicht, das umstrittene Herkunftslandprinzip grundlegend zu verwerfen.

19.4. Die deutsche EU-Abgeordnete Evelyne Gebhardt legt dem Europäischen Parlament einen Berichtsentwurf vor, der weitgehende Änderungsvorschläge verlangt.

30.5 Öffentliche Anhörung des Ausschusses für Wirtschaft und Arbeit des deutschen Bundestages von Experten und Vertretern der Sozialpartner sowie der kommunalen Spitzenverbände.

30.6. Der Deutsche Bundestag lehnt mehrheitlich den Richtlinienentwurf ab und fordert die EU-Kommission zu einer grundlegenden Überarbeitung auf.

Sommer Bis zum Sommer 2005 liegen bereits 1.000 Änderungsanträge von EP-Abgeordneten und Ausschüssen zur Dienstleistungsrichtlinie vor.

12.7. Verabschiedung des Berichtes des Ausschusses für Beschäftigung und Soziales (»Van Lancker-Bericht«) mit zahleichen Änderungsanträgen, die direkt an das Plenum des EP weitergeleitet werden. Das Abstimmungsergebnis bedeutet aus gewerkschaftlicher Sicht einen bedeutenden Fortschritt.

13.9. Der Ausschuss für Wirtschaft und Währung lehnt dagegen jegliche Einschränkungen der Richtlinie ab und bezieht z.B. Gesundheitsdienstleistungen in den Geltungsbereich ein.

Oktober Die Abstimmung im Binnenmarktausschuss wird bei heftigen Diskussionen ausgesetzt und verschoben.

22.11. Abstimmung des Richtlinienentwurfs im Binnenmarktausschuss. Das Herkunftslandprinzip und andere Kernbereiche des Entwurfes bleiben erhalten.

2006

11.2. Europäische Demonstration in Straßburg gegen die Dienstleistungsrichtlinie, parallel Proteste in weiteren europäischen Hauptstädten. In Deutschland rufen Gewerkschaften und soziale Bewegungen zu Protesten auf.

14.2. Proteste rund um das EU-Parlament in Straßburg anlässlich der geplanten 1. Lesung der Dienstleistungsrichtlinie.

Für 2007 ist bislang der Beschluss der Richtlinie geplant.